保山学院规划教材

财务会计模拟实训

（第四版）

主 编 李艳 赵珍 张宇雁

南京大学出版社

内 容 简 介

本书主要针对会计及财务管理专业学生的培养目标、知识结构和职业能力等要求而编写，原则上以学生财务会计职业生涯学习发展规律为线索，突出不同学习环节要解决的实践问题，各有重点、特色，又相互依托、层层递进。实训选材于一个生产加工公司的实务，根据该公司大量核算资料进行分析、筛选、补充编写而成。

本书既可以作为会计及财务管理教学实训之用，也可供自学者自学使用。

图书在版编目(CIP)数据

财务会计模拟实训 / 李艳, 赵珍, 张宇雁主编. --4版. -- 南京：南京大学出版社, 2021.1
ISBN 978-7-305-23957-1

Ⅰ.①财… Ⅱ.①李… ②赵… ③张… Ⅲ.①财务会计—职业教育—教材 Ⅳ.①F234.4

中国版本图书馆 CIP 数据核字(2020)第 222941 号

出 版 者	南京大学出版社
社　　址	南京市汉口路22号　　邮编　210093
网　　址	http://www.NjupCo.com
出 版 人	金鑫荣
书　　名	财务会计模拟实训
主　　编	李艳　赵珍　张宇雁
责任编辑	尤佳　　　　　编辑热线　025-83592315
照　　排	南京新华丰制版有限公司
印　　刷	南京凯德印刷有限公司
开　　本	789×1092　1/16　印张19　字数451千
版　　次	2021年1月第4版　2021年1月第1次印刷
ISBN	978-7-305-23957-1
定　　价	48.00元
发行热线	025-83594756
电子邮箱	Press@NjupCo.com
	Sales@NjupCo.com(市场部)

* 版权所有，侵权必究

* 凡购买南大版图书，如有印装质量问题，请与所购图书销售部门联系调换

前　　言

　　为推动转型发展高校把办学思路真正转到服务地方经济社会发展上来，转到产教融合校企合作上来，转到培养应用型人才上来，转到增强学生就业创业能力上来，全面提高学校服务区域经济社会发展和创新驱动发展的能力，完善高校会计及财务管理专业应用型人才培养模式，我们组织有丰富会计及财务管理等专业教育教学经验和实践经验的教师，再次深入实际工作环境进行调查研究，在企业财务专家、银行专业人员、审计专业人员、税务系统专业人员的大力支持下，对《财务会计模拟实训》一书进行了第四次修订。此次修订，我们在坚持前三版的编写指导思想，保留教材原有特色的基础上，更加突出职业教育教学规律，在进行社会行业调研基础上，将国家最新的经济政策恰当地反映到本教材之中，以真实的生产加工企业经济活动实践顺序为教材内容的设计主线，强调应用，突出会计及财务管理专业的能力目标、核心技能、重要知识、实训操作等，构建了相对完整的会计及财务管理操作体系，回归了以培养学生应用能力为主线的高等职业教育本位，突出强调学生学习的参与性与主动性，体现了教材定位、规划、设计与编写等方面的职业教育教学改革示范性，不仅可以作为应用型高校会计及财务管理专业及相关专业进行财务会计模拟实训之用，也可供自学者自学使用。

　　1."易教"。教材针对会计及财务管理专业学生的培养目标、知识结构和职业能力等要求而修订，以任务为导向，关注职业前沿，探索专业知识的学习能力，突出不同学习环节要完成的任务，任务各有重点、特色，又相互依托、层层递进，以任务驱动统领教学过程的实施，便于教师梳理教材，把握主干，同时可极大诱发学生学习的自主性、积极性，由过去教师讲学生听的被动行为变为学生的主动探索行为(完成某项任务)，使学生通过实训逐步养成职业能力，完成"从实践到理论、从具体到抽象、从个别到一般"和"提出问题、解决问题、归纳总结"的教学程序。

　　2."易学"。教材从知识的掌握服务于能力的构建出发，围绕职业能力的形成组织课程内容。教材取材于生产企业实务，根据企业大量核算资料进行分析、筛选、补充编写而成，以2020年12月份作为会计核算期间，以真实的原始凭证反映经济业务，以工作任务为中心来整合相应的知识和技能，保证教学内容先进(如一般纳税人增值税税率调整为13%)、重点突出，取舍合理，结构清晰、层次分明，表述深入浅出，用平实的语言阐释高深的理论，信息传递高效简洁。利用这一教材完成的模拟实训有利于学生系统地掌握现代中小型企业的基本会计实务。

　　3."易做"。教材以会计及财务管理理论与操作技能为载体，设计、组织课程内容，其经济业务除供、产、销主营业务及成本核算外，还包括银行结算、贷款、投资、固定资产购建与清理、纳税等基本的财务会计及管理业务，形成以工作任务为中心、以操作实践为焦点、以技术理论知识为背景的课程内容结构，实现了课程内容由学科结构向工作结构的转变，提高可操作性，加强工作任务与知识、技能的联系，增强了学生的直观体验，诱发其学习的参与性和主动性；对关键操作环节更加大技能培训力度，从而方便学生将知识转化为专业性的技能技巧，提高其解决和处理现实问题的综合能力。

本书由李艳，赵珍，张宇雁担任主编，对全书统一加工整理，总纂定稿，参加编写的人员有刘华、陈静、杨艳秋、李霞、王俊春、杨恩朝、徐国良、黄宇飞、朱昀晨、马桂英、杨川靓、杨启芬等。在编写过程中，云南省审计厅教育审计处的马桂英老师、中国建设银行云南省保山分行杨川靓老师、云南澜沧江酒业集团有限公司保山分公司的杨启芬老师、保山市税务局的相关人员对教材的修订提出了很多宝贵的意见和建议，提供了第一手资料，保山学院经济管理学院会计及财务管理教研室的老师们给予了很多的帮助。南京大学出版社领导，特别是尤佳编辑为本书的再版付出了一定的心血，在此一并向他们表示诚挚的感谢。在编写过程中，我们参阅了国内外同仁们大量的研究成果，限于体例未能一一说明，在此一并致以衷心感谢。

我们修订本教材的目的就与同仁们共同探讨应用型高校人才培养模式，创新应用型人才的实践教学，对于教材中存在的不足之处和问题，我们也真诚希望得到所有同仁们的批评指正。

编　者

2020年12月

目　　录

第一章　模拟公司基本信息 …… 1	2.11　财务报告 …………… 23
1.1　模拟公司概括 …………… 1	
1.2　期初余额资料 …………… 2	第三章　模拟公司会计业务
	（原始凭证部分）………… 25
第二章　模拟公司会计业务	实训一　货币资金 …………… 25
（文字部分）………… 11	实训二　往来款项 …………… 39
2.1　货币资金 ………………… 11	实训三　交易性金融资产 …… 65
2.2　往来款项 ………………… 12	实训四　存货 ………………… 77
2.3　交易性金融资产 ………… 13	实训五　固定资产 ………… 129
2.4　存货 ……………………… 14	实训六　无形资产 ………… 161
2.5　固定资产 ………………… 15	实训七　职工薪酬 ………… 185
2.6　无形资产 ………………… 16	实训八　资金筹集 ………… 197
2.7　职工薪酬 ………………… 17	实训九　收入、费用和利润 …… 213
2.8　资金筹集 ………………… 18	实训十　期末业务 ………… 263
2.9　收入、费用和利润 ……… 19	实训十一　财务报告 ……… 293
2.10　期末业务 ……………… 21	

课件 PPT

第1章

模拟公司基本信息

1.1 模拟公司概括

丽都市东方啤酒公司成立于2017年1月1日,至2020年12月1日,注册资本为6 000万元。其中华南公司投资3 600万元,投资比例为60%;华东公司投资2 400万元,投资比例为40%。公司位于丽都市城北,占地面积100亩,职工300人,其中行政管理人员150人,生产人员130人(酿造车间和包装车间管理人员各5人,高端瓶装啤酒生产人员30人,低端瓶装啤酒生产人员55人,罐装啤酒生产人员35人),专设销售机构人员20人。拥有自动生产线两条,以麦芽、大米、水和酒花等为原料生产喜乐牌瓶装啤酒和罐装啤酒。公司车队除负责本公司产品运送外,可对外承担少量货物运输业务。

1. 公司机构设置

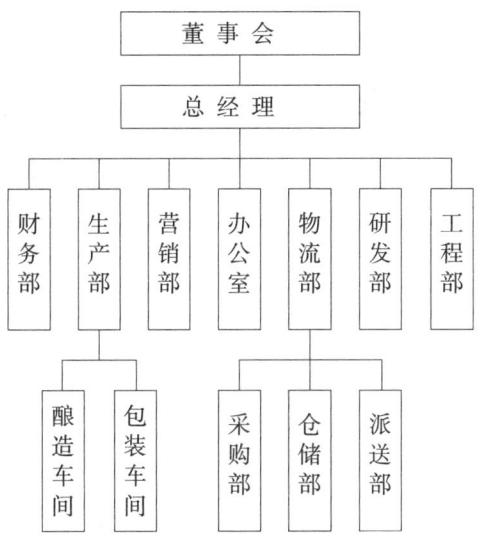

```
                    董事会
                      │
                    总经理
    ┌────┬────┬────┬────┬────┬────┐
   财务部 生产部 营销部 办公室 物流部 研发部 工程部
          │                │
       ┌──┴──┐        ┌───┼───┐
     酿造  包装      采购 仓储 派送
     车间  车间       部   部   部
```

图 1-1 公司机构设置图

2. 其他基本信息

开户银行:中国建设银行丽都市支行　　账号:675843218977027

税务登记号：677856432198769
董事长：王高平
总经理：刘立强
副总经理：李志刚
财务部经理：张成栋
出纳：陈 芳
主办会计：李 松
材料核算：杨志亮
库存商品：李 森
酿造车间：周 平
包装车间：陈红英

1.2 期初余额资料

1. 2020年11月30日资产负债表见表1-1。
2. 2020年12月初总账余额资料见表1-2。
3. 2020年12月月初有关账户明细资料见表1-3。
4. 生产车间月初在产品成本见表1-4。
5. 产品销售价格见表1-5。
6. 固定资产明细资料见表1-6。

表1-1　资产负债表(简表)　　　　　会企01表

编制单位：东方啤酒公司　　2020年11月30日　　　　单位：元

资产	年初余额	期末余额	负债和所有者权益	年初余额	期末余额
流动资产：			流动负债：		
货币资金	17 633 398.00	14 771 420.00	短期借款	400 000.00	300 000.00
交易性金融资产	508 000.00	506 000.00	应付账款	34 000.00	80 000.00
应收账款	200 000.00	122 356.00	应付票据		200 000.00
应收票据	26 000.00	165 509.27	预收账款	50 000.00	40 000.00
预付账款		-4 000.00	应付职工薪酬	1 380 300.00	1 418 300.00
应收利息	5 000.00	7 000.00	应交税费	434 373.50	175 885.50
应收股利	3 000.00	63 000.00	应付利息	3 478.00	2 916.67
其他应收款	26 000.00	41 900.00	其他应付款	300.00	
存货	7 074 869.00	7 137 420.00	一年内到期的非流动负债	500 000.00	
流动资产合计	25 476 267.00	22 810 605.27	流动负债合计	2 802 451.50	2 217 102.17

(续表)

资产	年初余额	期末余额	负债和所有者权益	年初余额	期末余额
非流动资产:			非流动负债:		
非流动负债合计			非流动负债合计		
固定资产	14 659 434.00	13 726 783.00			
在建工程		9 300 000.00	负债合计	2 802 451.50	2 217 102.17
无形资产	19 579 682.12	19 582 333.33	所有者权益:		
研发支出	100 000.00	200 000.00	股本	55 000 000.00	60 000 000.00
			资本公积	1 510 000.00	1 750 000.00
			盈余公积	202 931.62	332 619.43
			未分配利润	300 000.00	1 320 000.00
非流动资产合计	34 339 116.12	42 809 116.33	所有者权益合计	57 012 931.62	63 402 619.43
资产总计	59 815 383.12	65 619 721.60	权益合计	59 815 383.12	65 619 721.60

表1-2 东方啤酒公司总账期初余额

2020年12月1日　　　　　　　　　　　　　　　　　　　　　　　　单位:元

科目	金额	科目	金额
库存现金	40 000.00	短期借款	300 000.00
银行存款	13 851 920.00	应付账款	80 000.00
其他货币资金	879 500.00	应付票据	200 000.00
交易性金融资产	506 000.00	预收账款	40 000.00
应收票据	165 509.27	应付利息	2 916.67
应收账款	128 796.00	应付职工薪酬	1 418 300.00
坏账准备	-6 440.00	应交税费	175 885.50
预付账款	-4 000.00		
应收股利	63 000.00	股本	60 000 000.00
应收利息	7 000.00	资本公积	1 750 000.00
其他应收款	41 900.00	盈余公积	332 619.43
原材料	3 368 000.00	利润分配	120 000.00
周转材料	1 525 550.00	本年利润	1 200 000.00
库存商品	1 716 000.00		
在途物资	516 000.00		
固定资产	15 940 000.00		

(续表)

科　目	金　额	科　目	金　额
累计折旧	-2 213 217.00		
在建工程	9 300 000.00		
研发支出	200 000.00		
无形资产	21 560 000.00		
累计摊销	-1 977 666.67		
生产成本	11 870.00		
总　计	65 619 721.60		65 619 721.60

表1-3　东方啤酒公司有关总账、明细账、日记账期初余额资料

2020年12月1日　　　　　　　　　　　　　　　　　　　　　　单位：元

项目	总　账	明　细　账	余额（借方）	余额（贷方）	备　注
资产	库存现金		40 000.00		
	银行存款		13 851 920.00		
	其他货币资金	外埠存款	218 000.00		昆明市建设银行
		存出投资款	661 500.00		新发证券公司
		小　计	879 500.00		
	交易性金融资产	成　本	208 000.00		森林债券（2020年7月6日购入2000张，面值总额200000元，票面利率7%，买价215 000元，含已到期半年利息，随时准备出售。7月1日和1月1日为付息日）
		成　本	300 000.00		红星股票（10 000股）
		公允价值变动		2 000.00	红星股票
		小　计	508 000.00	2 000.00	
	应收票据	方达连锁有限公司	165 509.27		2020年11月21日开出，期限1个月
	应收账款	前进公司	68 796.00		
		星星商场	60 000.00		
		小　计	128 796.00		
	坏账准备			6 440.00	
	预付账款	兴业公司		4 000.00	
	应收股利	和平公司	63 000.00		
	应收利息	森林债券	7 000.00		

第1章 模拟公司基本信息

(续表)

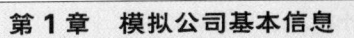

项目	总账	明细账	余额(借方)	余额(贷方)	备注
资产	其他应收款	姚小平	10 000.00		工会
		董立飞	10 000.00		营销部
		王秋生	10 000.00		办公室
		房租	11 900.00		
		小计	41 900.00		
	原材料	主要材料	860 000.00		澳麦(200吨,4 300元/吨)
			1 110 000.00		甘肃麦(300吨,3 700元/吨)
			558 000.00		大米(180吨,3 100元/吨)
			700 000.00		曲靖麦(200吨,3 500元/吨)
		辅助材料	140 000.00		酒花(2吨,70 000元/吨)
		小计	3 368 000.00		
	周转材料	包装物	300 000.00		包装箱(100 000个,3.00元/个)
			192 000.00		高端瓶装啤酒瓶(280 000个,新瓶0.9元/个,共130 000个,旧瓶0.5元/个,共150 000个)
			455 000.00		低端瓶装啤酒瓶(770 000个,新瓶0.7元/个,共350 000个,旧瓶0.5元/个,共420 000个)
			135 100.00		啤酒罐(193 000个,0.7元/个)
			62 000.00		商标标签(1 240 000个,0.05元/个)
		小计	1 144 100.00		
		低值易耗品	250.00		润滑油(50千克,5元/千克)
			20 000.00		工作服(250套,80元/套)
			1 200.00		手套(300双,4元/双)
			360 000.00		塑料周转箱(10 000个,36.00元/个)
		小计	381 450.00		
	合计		1 525 550.00		
	库存商品	高端瓶装啤酒	420 000.00		10 000件,12瓶/件,成本42.00元/件,3.50元/瓶
		低端瓶装啤酒	432 000.00		18 000件,12瓶/件,成本24.00元/件,2.00元/瓶
		罐装啤酒	864 000.00		9 000件,24瓶/件,成本96元/件,4.00元/罐
		小计	1 716 000.00		

(续表)

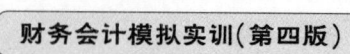

项目	总账	明细账	余额(借方)	余额(贷方)	备注
资产	在途物资	主要材料	516 000.00		利丰公司购入,120吨,4 200元/吨,运杂费2 000元
	固定资产（从2017年1月1日开始计提折旧）	房屋及建筑物	7 000 000.00		厂房
			2 700 000.00		仓库
		小　计	9 700 000.00		
		机器设备	2 100 000.00		酿造车间
			1 900 000.00		包装车间
		小　计	4 000 000.00		
		运输工具	487 000.00		装卸车(4台,车间用)
			840 000.00		卡车(7辆,销售用)
			600 000.00		小车(3辆,管理用)
		小　计	1 927 000.00		
		电子设备	90 000.00		产品质量检测仪
			175 000.00		台式电脑（联想系列35台,5 000元/台,车间管理用4台,仓库管理用2台,销售用4台,厂部管理用25台）
			48 000.00		笔记本电脑（联想系列5台,9 600元/台,厂部管理用）
		小　计	313 000.00		
		合　计	15 940 000.00		
	累计折旧			2 213 217.00	
	在建工程	改建工程	9 300 000.00		行政楼改建
	研发支出	资本化支出	200 000.00		滴滴香白酒生产专利
	无形资产	土地使用权	20 000 000.00		
		商标权	600 000.00		喜乐牌商标
		专利权	400 000.00		啤酒普通灌装技术
			560 000.00		啤酒无菌灌装技术(2019年1月1日取得)
		小　计	21 560 000.00		
	累计摊销	土地使用权		1 566 666.67	
		商标权		235 000.00	
		专利权		104 444.44	啤酒普通灌装技术
				71 555.56	啤酒无菌灌装技术
		小　计		1 977 666.67	

(续表)

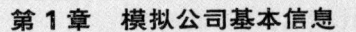

项目	总账	明细账	余额(借方)	余额(贷方)	备注
成本	生产成本	高端瓶装啤酒	4 710.00		
		低端瓶装啤酒	3 730.00		
		罐装啤酒	3 430.00		
		小　计	11 870.00		
负债	短期借款	流动资金借款		300 000.00	建行(2020年9月20日借入,年利率5%,3个月期限)
	应付账款	万兴公司		46 800.00	
		向阳公司		33 200.00	
		小　计		80 000.00	
	应付票据	利丰公司		200 000.00	2020年9月25日开出,期限3个月
	预收账款	杏花商场		40 000.00	
	应付利息	建行		2 916.67	
	应付职工薪酬	工资		600 000.00	
		职工福利		485 000.00	
		社保基金		60 000.00	
		住房公积金		60 000.00	
		职工教育经费		93 300.00	
		工会经费		120 000.00	
		小　计		1 418 300.00	
	应交税费	应交所得税	300 000.00		预交所得税
		未交增值税		196 405.00	
		应交消费税		49 500.00	
		应交城建税		17 213.35	
		应交教育费附加		7 377.15	
		应交土地使用税		138 890.00	下半年前5个月
		应交房产税		66 500.00	下半年前5个月
		小　计	300 000.00	475 885.50	

(续表)

项目	总账	明细账	余额(借方)	余额(贷方)	备注
所有者权益	股本			60 000 000.00	1—11月股本增加5 000 000元
	资本公积			1 750 000.00	1—11月股本溢价320 000元
	盈余公积			332 619.43	1—11月用于职工集体福利20 000.19元
	未分配利润			120 000.00	年初有300 000元未分配利润,公司于3月份向股东分配了180 000元
	本年利润			1 200 000.00	
	小　计			63 402 619.43	
	总　计		70 123 045.27	70 123 045.27	

表1-4　生产车间月初在产品成本

单位:元

项　目	直接材料	直接人工	制造费用	合　　计
高端瓶装啤酒	2 550.00	1 900.00	260.00	4 710.00
低端瓶装啤酒	1 860.00	1 650.00	220.00	3 730.00
罐装啤酒	1 750.00	1 500.00	180.00	3 430.00
合　　计	6 160.00	5 050.00	660.00	11 870.00

表1-5　产品销售价格表

项　目	销售价格(不含增值税:元/件)	销售价格(不含增值税:元/瓶)
高端瓶装啤酒	54.00	4.50 元/瓶
低端瓶装啤酒	36.00	3 元/瓶
罐装啤酒	144.00	6 元/瓶

表1-6　固定资产明细资料

2020年12月1日

单位:元

部门	大类	明细	原值	使用寿命	预计净残值	折旧方法	累计折旧
生产部门	房屋、建筑物	厂房	7 000 000.00	50 年	350 000.00	平均年限法	520 917.00
		仓库	2 700 000.00	50 年	135 000.00	平均年限法	200 925.00
	机器设备	酿造车间	2 100 000.00	20 年	105 000.00	平均年限法	390 687.00
		包装车间	1 900 000.00	20 年	95 000.00	平均年限法	353 479.00
	运输工具	装卸车(4台,121 750元/台)	487 000.00	15 年	24 350.00	平均年限法	120 802.00
	电子设备	产品质量检测仪	90 000.00	5 年	4 500.00	双倍余额递减法	77 407.00
		台式电脑(联想4台,5 000元/台)	20 000.00	5 年	1 000.00	双倍余额递减法	17 202.00

（续表）

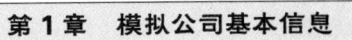

部门	大类	明细	原值	使用寿命	预计净残值	折旧方法	累计折旧
行政部门	电子设备	笔记本电脑（联想5台，9 600元/台）	48 000.00	5年	2 400.00	双倍余额递减法	41 284.00
		台式电脑（联想27台，5 000元/台）	135 000.00	5年	6 750.00	双倍余额递减法	116 111.00
	运输工具	帕萨特1辆	300 000.00	15年	15 000.00	平均年限法	74 417.00
		东风雪铁龙1辆	160 000.00	15年	8 000.00	平均年限法	39 688.00
		桑塔纳2000型1辆	140 000.00	15年	7 000.00	平均年限法	34 729.00
销售部门	电子设备	台式电脑（联想4台，5 000元/台）	20 000.00	5年	1 000.00	双倍余额递减法	17 202.00
	运输工具	卡车（7辆，12 000元/辆）	840 000.00	15年	42 000.00	平均年限法	208 367.00
合计			15 940 000.00		797 000.00		2 213 217.00

第 2 章

模拟公司会计业务(文字部分)

2.1 货币资金

2.1.1 实训目的

通过实训,帮助学生巩固和消化货币资金的基本理论知识和会计操作方法,认识和熟悉实际会计工作中常见的货币资金业务,指导学生运用所学知识对货币资金业务进行分析,并完成具体会计操作。

2.1.2 公司制度

1. 出纳负责现金日记账和银行存款日记账的登记。
2. 开户银行为公司核定的库存现金限额为40 000元;现金日记账每日结计发生额和余额,发生现金长、短款按会计准则相关规定进行处理。
3. 银行存款日记账每日结计余额,月末将银行存款日记账余额与银行对账单进行核对,对未达账项编制银行存款余额调节表。
4. 公司内部规定:对营销部和办公室实行定额备用金制度,每年核定一次定额(本年核定的定额为10 000元),按月报销;其他部门实行非定额备用金制度。

2.1.3 实训业务

1. 2020年12月1日,公司从基本存款户提取现金10 000元备用。
2. 2020年12月1日,营销部和办公室分别报销费用16 000元和7 797元。
3. 2020年12月2日,总经理刘立强预借差旅费4 000元,以现金付讫。
4. 2020年12月2日,出纳员发现现金长款50元,原因待查。
5. 2020年12月3日,董事长接待客户,发生接待费用2 000元。
6. 2020年12月4日,公司以银行存款交纳上月增值税196 405元、消费税49 500元、城建税17 213.35元和教育费附加7 377.15元。

7. 2020年12月6日,总经理刘立强出差回来报销差旅费4 500元,以现金补付500元。其中住宿费取得增值税专用发票。

8. 2020年12月8日,公司从基本存款户提取现金24 000元备用。

2.2 往来款项

2.2.1 实训目的

通过实训,帮助学生巩固和消化应收、应付及预收、预付款项的基本理论知识和会计操作方法,认识和熟悉实际会计工作中常见的往来款项业务,指导学生运用所学知识对往来款项业务进行分析,并完成具体会计操作处理。

2.2.2 公司制度

1. 公司按往来单位设置应收、应付账款(或预收、预付账款)明细账;公司每年末对应收账款按5%的历史估计损失率计提资产减值准备;往来款项每季度与对方单位以信函方式核对。

2. 公司规定,在瓶装啤酒的销售过程中,购货方购货达到1 000件以上(含1 000件)可享受9折优惠,这是公司为促进商品销售而采用的商业折扣销售方式。

2.2.3 实训业务

1. 2020年12月4日,以银行存款偿还前欠万兴公司购料款46 800元。

2. 2020年12月4日,向本市方达连锁有限公司销售高端瓶装啤酒1 500件、低端瓶装啤酒2 000件。开具增值税专用发票,款项暂未收到。

3. 2020年12月5日,收回前进公司前欠销货款及税金35 100元。

4. 2020年12月5日,采购部从云南利丰公司购买澳麦100吨。取得材料和运费的增值税专用发票。当日向利丰公司开出为期三个月不带息商业承兑汇票一张。

5. 2020年12月7日,收到方达连锁有限公司支付的前欠货款。

6. 2020年12月8日,向本市方达连锁有限公司销售罐装啤酒1 000件。开具增值税专用发票,合同约定的付款条件为:2/10,1/20,n/30。

7. 2020年12月10日,公司决定:星星商场破产后以其破产财产清偿(以银行存款清偿53 560元)后而无法收回的货款6 440元作为坏账,予以转销。

8. 2020年12月15日,以银行存款补付前欠兴业公司材料款4 000元。

9. 2020年12月18日,本年4月5日确认的利达公司坏账现收回3 000元,存入银行基本存

款户。

10. 2020年12月20日,收到方达连锁有限公司支付的前欠货款161 280元。

11. 2020年12月21日,方达连锁有限公司于2020年11月21日开出的商业汇票到期,款项收妥入账。

12. 2020年12月25日,公司于2020年9月25日对利丰公司开出的商业汇票到期,以银行存款支付票款200 000元。

2.3 交易性金融资产

2.3.1 实训目的

通过实训,帮助学生巩固和消化交易性金融资产的初始计量、后续计量、期末计量的基本理论知识和会计处理方法,指导学生能够根据原始凭证熟练进行交易性金融资产的取得及处置、期末公允价值变动、持有期间取得利息和股利转让金融商品计缴增值税等业务的会计处理。

2.3.2 公司制度

1. 公司将持有时间不超过一年、持有是以赚取差价为目的且风险管理要求不高的、从证券市场购入的股票、债券、基金等证券投资定义为交易性金融资产。

2. 交易性金融资产的初始计量和后续计量均采用公允价值。公司于每年的6月30日和12月31日确定公允价值变动损益。

3. 一次还本、分期付息的债券,在付息日前的资产负债表日确认应收利息和投资收益。

4. 转让金融商品按规定计交增值税。

2.3.3 实训业务

1. 2020年12月6日,公司从证券市场购入和谊股份公司股票3 000股,每股买价5元,支付交易费用50元。公司将其划分为交易性金融资产。

2. 2020年12月6日,公司将持有的红星股票出售3 000股,每股卖价36元,另支付交易费用400元。

3. 2020年12月6日,公司收到购入森林公司债券时所支付的已到付息期而尚未领取的利息7 000元。

4. 2020年12月7日,公司计划将所持有的森林公司债券出售45%,计提拟出售部分债券的利息并确认投资收益。

5. 2020年12月7日,公司将所持有的森林公司债券出售45%,售价103 000元,另支付交

易费用300元。

2.4 存货

2.4.1 实训目的

通过实训,帮助学生巩固和消化关于存货的基本理论知识和会计处理方法,熟悉实际会计工作中的存货业务类型,使学生能够根据原始凭证分析经济业务,掌握存货按实际成本计价所涉及的收、发、存业务的会计处理。

2.4.2 公司制度

1. 公司存货采用实际成本计价,发出材料成本按月末一次加权平均法计价,购入多种材料所发生的运杂费按材料重量比例分配。

2. 管理用周转材料采用一次转销法,发出委托加工物资的材料成本、在建工程领用材料成本按期初结存单位成本确定。

3. 产成品入库时只记数量,入库成本于期末结转,其发出成本采用月末一次加权平均法计价。

4. 存货实行按季清查制度,发生存货盘盈、盘亏按会计准则相关规定进行处理。

2.4.3 实训业务

1. 2020年12月7日,上月从利丰公司购入的澳麦120吨验收入库。

2. 2020年12月8日,从庆谊公司购入大米100吨,取得材料和运费的增值税专用发票。款项尚未支付,材料已验收入库。

3. 2020年12月8日,从金星工厂购入甘肃麦100吨、曲靖麦150吨。取得材料和运费的增值税专用发票,款项以银行存款支付,材料尚未验收入库。(运杂费按材料重量比例分配)

4. 2020年12月9日,从金星工厂购入的甘肃麦100吨、曲靖麦150吨验收入库。

5. 2020年12月10日,酿造车间为生产产品领用原材料。

6. 2020年12月10日,包装车间为生产产品领用周转材料。

7. 2020年12月10日,从光华公司购入啤酒罐30 000个,材料已验收入库,发票账单未到。

8. 2020年12月10日,包装车间报废塑料周转箱20个,无残值。同时从仓库领用新周转箱20个。

9. 2020年12月11日,曲靖麦0.4吨发生霉变,待处理。

10. 2020年12月11日,为进行日常维护,酿造车间领用润滑油5千克,包装车间领用润滑油6千克。

11. 2020年12月11日,高端瓶装啤酒入库23 000件,低端瓶装啤酒入库64 000件,罐装啤酒入库8 000件。

12. 2020年12月15日,酿造车间领用工作服60套(含手套),包装车间领用工作服70套(含手套)。

13. 2020年12月16日,为参加省级啤酒节展览,发出包装箱3 000个,委托顺发广告设计公司进行外包装的特殊设计。

14. 2020年12月17日,从顺发广告设计公司购入喜乐牌啤酒商标标签970 000个。取得增值税专用发票,款项以银行存款支付,标签验收入库。

15. 2020年12月18日,从丽都市程宁废旧物资公司收购旧高端啤酒瓶160 000个,旧低端啤酒瓶350 000个。取得增值税专用发票,款项以银行存款支付,酒瓶验收入库。

16. 2020年12月19日,从本市昌盛工厂购入新高端啤酒瓶100 000个,新低端啤酒瓶220 000个,啤酒罐150 000个。取得增值税专用发票。款项以银行存款支付,周转材料验收入库。

17. 2020年12月20日,从丽都市纸箱厂购入包装箱80 000个,取得增值税专用发票。纸箱验收入库,开出为期一个月的商业承兑汇票抵付价税款。

18. 2020年12月20日,从顺发广告设计公司收回委托加工的包装箱验收入库,以银行存款支付设计费用及税款2 500元。

19. 2020年12月22日,酿造车间为生产产品领用原材料。

20. 2020年12月23日,包装车间为生产产品领用周转材料。

21. 2020年12月27日,高端瓶装啤酒入库21 000件,低端瓶装啤酒入库47 000件,罐装啤酒入库6 000件。

2.5 固定资产

2.5.1 实训目的

通过实训,帮助学生巩固和消化固定资产的基本理论知识和会计处理方法,了解和熟悉日常经济工作中常见的固定资产业务,指导学生运用所学知识分析固定资产购建、改扩建、处置、折旧等经济业务,掌握其会计处理方法。

2.5.2 公司制度

1. 公司固定资产划分为生产经营用固定资产和非生产经营用固定资产,分别包括房屋建筑物、机器设备、运输工具、电子设备四类。

2. 公司购入、自建、接受投资等方式形成的固定资产,按企业会计准则规定进行初始计量,对符合资本化条件的后续支出按规定予以资本化,符合费用化条件的后续支出于发生时直接计入当期损益。

3. 除电子设备采用双倍余额递减法计提折旧外,其他固定资产均采用平均年限法计提折旧;公司2020年12月1日所拥有固定资产均是公司设立时投入使用的,各项固定资产的净残值率按5%计算。

4. 公司于每年度终了对各项固定资产进行减值测试,若发生减值,则按规定计提减值准备金。

5. 固定资产等长期资产实行按年清查制度,发生盈亏按会计准则相关规定进行处理。

2.5.3　实训业务

1. 2020年12月11日,公司以出包方式建造简易仓库一栋,与海华股份有限公司签订工程协议,仓库总造价200 000元,于开工时支付50%,完工验收合格后支付50%。当日以银行存款支付100 000元。

2. 2020年12月12日,公司从昆明宏利设备公司购入产品质量检测设备一台,取得设备及运费的增值税专用发票,款项以银行存款支付。设备于当日交由便民机电安装公司安装。

3. 2020年12月13日,公司为部门经理购入联想笔记本电脑5台。取得增值税专用发票,款项以银行存款支付。预计电脑使用寿命5年,采用双倍余额递减法计提折旧,预计净残值率5%。

4. 2020年12月16日,产品质量检测设备安装完毕交付使用,支付便民机电公司安装费6 000元,增值税540元,款项以银行存款支付。

5. 2020年12月16日,公司决定出售管理部门所使用的联想台式电脑5台,原值每台5 000元,已提折旧21 675元(含当月折旧)。

6. 2020年12月17日,改造行政楼从安全电梯厂购入的电梯运达公司,价款400 000元,增值税52 000元,当日由电梯厂投入安装,款项以银行存款支付。

7. 2020年12月19日,售出电脑5台,开具增值税专用发票,款项存入银行。

8. 2020年12月20日,向新河房地产开发公司为公司高级技术人员购入住房两套,买价800 000元,以银行存款一次付清价税款。

9. 2020年12月25日,电梯厂在安装电梯过程中领用润滑油30千克。

2.6　无形资产

2.6.1　实训目的

通过实训,帮助学生巩固和消化无形资产的基本理论知识和会计处理方法,认识和熟悉会计工作中常见的无形资产业务,指导学生运用所学知识对无形资产业务进行分析并作出正确的会计处理。

2.6.2 公司制度

1. 公司对使用寿命有限的土地使用权、专利权和商标权等无形资产采用直线法按月摊销，摊销期限按法律规定的期限确定，其中土地使用权为50年，专利权为15年，商标权为10年，无形资产的净残值为零。公司2020年12月初拥有的无形资产除啤酒无菌灌装技术于2019年1月1日投入使用外，其余均于公司设立时投入使用。

2. 无形资产转让时适用6%的增值税税率。

3. 无形资产的研究开发费用按是否符合资本化条件，分别记入"研发支出——费用化支出"和"研发支出——资本化支出"，费用化支出于期末时转入当期损益，资本化支出待开发成功后转入"无形资产"。

4. 公司于每年终了对无形资产进行减值测试，对发生的减值计提减值准备。

2.6.3 实训业务

1. 2020年12月5日，公司向丽都市国有土地交易中心交纳保证金300 000元以备参与土地竞拍，款项以银行存款支付。

2. 2020年12月7日，公司通过竞拍取得一块面积为10亩的土地使用权，准备用于建造一栋仓库和新的生产车间；土地价值3 000 000元，增值税270 000元，扣除保证金后不足部分以银行存款支付；土地使用权法定期限为50年。

3. 2020年12月17日，公司研发部为研发新产品——滴滴香白酒，购入1 700元的办公用品，以银行存款支付；同日以银行存款支付专家组论证费6 000元。

4. 2020年12月21日，公司为试制新产品——滴滴香白酒，向庆谊公司购入大米1.5吨，3 400元/吨，买价5 100元，增值税663元，款项以银行存款支付。

5. 2020年12月22日，公司研发的滴滴香白酒生产专利申请国家专利，以银行存款支付注册登记费20 000元，预计使用寿命15年。

6. 2020年12月25日，公司将啤酒普通灌装技术出售给贵州大力啤酒有限公司，转让价格为300 000元，价款收到存入银行基本存款账户。

2.7 职工薪酬

2.7.1 实训目的

通过实训，帮助学生巩固和消化应付职工薪酬的基本理论知识和会计操作方法，认识和熟悉职工薪酬的构成内容，使学生熟练掌握职工薪酬的分配、支付、使用和缴纳等业务的具体处理。

2.7.2 公司制度

1. 根据《企业会计准则第9号——职工薪酬》,职工薪酬包括职工工资、奖金、津贴和补贴,职工福利费、医疗保险费、养老保险费、失业保险费、工伤保险费和生育保险费等社会保险费以及住房公积金、工会经费、职工教育经费等。

2. 公司对职工薪酬的发放、缴纳和使用均按国家相关规定执行。其中:社保基金中个人和公司承担部分均按职工工资的10%计算(其中基本养老保险8%,基本医疗保险2%),个人承担部分直接从工资中扣除,由公司代扣代交,公司承担部分计入应付职工薪酬。住房公积金职工个人缴纳部分和单位承担部分均按职工月平均工资10%计算。工会经费按2%的比例计提,职工教育经费按1.5%的比例计提。

2.7.3 实训业务

1. 2020年12月3日,职工王丽丽等5人报销继续教育培训费2 000元,以现金付讫。
2. 2020年12月5日,工会组织公司职工开展冬季运动会,报销活动经费9 500元,余款退回。
3. 2020年12月7日,以银行存款支付上月职工工资600 000元,其中代扣职工个人承担的社保基金60 000元和住房公积金60 000元。
4. 2020年12月7日,以银行存款缴纳上月社保基金和住房公积金300 000元。其中:个人承担社保基金60 000元,住房公积金60 000元;公司承担社保基金60 000元,住房公积金60 000元。
5. 2020年12月8日,因职工刘红波家中发生火灾,公司给予1 000元困难补助,以现金付讫。
6. 2020年12月8日,职工李海强报销探亲路费1 100元,以现金付讫。

2.8 资金筹集

2.8.1 实训目的

通过实训,帮助学生巩固和消化关于负债(主要是银行借款和应付债券)、所有者权益的基本理论知识和会计处理方法,认识和熟悉会计工作中常见的资金筹集业务,指导学生运用所学知识分析资金筹集业务并作出正确的会计处理。

2.8.2 公司制度

1. 公司的短期借款按月计提利息,长期借款和应付债券每半年计提一次利息。
2. 应付债券的利息费用采用实际利率法计算。

3. 符合资本化条件的借款利息予以资本化,不符合资本化条件的借款利息予以费用化。

2.8.3 实训业务

1. 2020年12月16日,公司从开户银行获得期限为3个月的流动资金借款260 000元,年利率5%,利息按月计提,到期一次归还本息。
2. 2020年12月17日,公司增发1 000 000股股票成功,每股面值1元,发行价格为1.2元,证券公司按发行收入的5%扣除发行费用后,将款项存入公司账户,不考虑相关税费。
3. 2020年12月18日,公司从开户银行获得期限为3年的借款1 000 000元,准备用于建造新的生产车间,年利率8%,利息半年计提一次,于每年1月1日支付,本金到期偿还。建造工程计划于2021年1月1日动工。
4. 2020年12月19日,公司接受南方新隆公司投入仓库一栋,评估价3 200 000元。投资协议约定:南方新隆公司享有本公司股份3 000 000股,每股面值1元。
5. 2020年12月19日,公司债券发行成功。债券面值3 000 000元,票面利率6%,发行价格为3 000 000元,期限3年。承销商按发行价格的5‰扣收发行费用。债券利息半年计提一次,于每年12月19日支付,本金到期偿还。发行债券所筹资金用于建造新的生产车间,款项已存入银行。债券发行时的市场利率为6%。建造工程计划于2021年1月1日动工,不考虑相关税费。
6. 2020年12月20日,公司支付开户行短期借款本息303 750元。(2020年9月20日借入300 000元,年利率5%,利息按月计提,已计提利息2 916.67元,未计提利息833.33元)。

2.9 收入、费用和利润

2.9.1 实训目的

通过实训,帮助学生巩固和消化关于收入、费用和利润的基本理论知识和会计处理方法,认识和熟悉实际工作中常见的收入、费用和利润业务,指导学生运用所学知识进行相关经济业务的分析并做出正确的会计处理。

2.9.2 公司制度

1. 公司销售商品适用增值税税率为13%,增值税缴纳时间为次月10日以前。
2. 公司对外提供运输服务,适用的增值税率为9%。
3. 不符合收入确认条件的商品销售,其发出商品成本按月初单位成本计算。
4. 已销商品平时只登记数量,其成本在月末集中结转。
5. 瓶装啤酒销售中采用商业折扣方式(具体规定见实训二)。

2.9.3 实训业务

1. 2020年12月1日,公司向丽都市红杏商场出售高端瓶装啤酒、低端瓶装啤酒、罐装啤酒各1 600件,开具增值税专用发票。公司在销售该批商品时已得知红杏商场资金流发生暂时困难,但为了减少存货积压,同时也为了维持与红杏商场长期以来建立的商业关系,公司仍将商品发出。假定东方啤酒公司销售该批商品的纳税义务已经发生,并已办妥税款托收手续。

2. 2020年12月2日,公司上月向前进公司出售的200件罐装啤酒(144元/件,售价28 800元,增值税3 744元,款项未收)与合同要求的包装不相符,前进公司要求折让5%。当日,收到前进公司税务主管部门出具的折让证明单,本公司同意给予5%的折让,向前进公司出具了红字增值税专用发票。

3. 2020年12月3日,公司向杏花批发商场发出高端瓶装啤酒、低端瓶装啤酒、罐装啤酒各3 500件。开具增值税专用发票,抵减期初预收账款40 000之后,余款向银行办妥托收手续。

4. 2020年12月4日,公司通过丽都市民政局向四川地震灾区捐款60 000元,开出转账支票捐出。

5. 2020年12月5日,公司董事会决定,将高端瓶装啤酒、低端瓶装啤酒、罐装啤酒作为福利发给职工每人各1件。

6. 2020年12月6日,公司为拓展销售市场发生业务招待费9 000元,以现金付讫。

7. 2020年12月7日,公司收到杏花商场补付的款项849 875元存入基本存款账户。

8. 2020年12月7日,公司为产品设计方案向专家进行咨询,以现金支付咨询费及增值税3 180元。

9. 2020年12月8日,公司向本市好又来商场出售高端瓶装啤酒3 000件、低端瓶装啤酒6 000件、罐装啤酒2 100件。开具增值税专用发票,款项已收妥存入基本存款账户。

10. 2020年12月10日,因本年所购甘肃麦积压太多,特向市场出售50吨,开具增值税专用发票,款项已收妥存入基本存款账户。

11. 2020年12月11日,公司对外提供运输服务,取得收入300 000元,价税款存入基本存款账户。

12. 2020年12月12日,办公室刘明昆明出差回来,报销差旅费600元。出纳以现金支付。

13. 2020年12月20日,公司向丽江市八方批发商场出售高端瓶装啤酒、低端瓶装啤酒、罐装啤酒各6 000件。开具增值税专用发票,已办妥委托收款手续。因公司车辆均有运输任务,委托北关街物流公司送货,从基本存款账户向北关街物流公司支付运输费50 000元,费用由本公司承担。

14. 2020年12月23日,公司用银行存款支付厂门前卫生罚款1 500元。

15. 2020年12月24日,公司向本市方达连锁有限公司出售高端瓶装啤酒和低端瓶装啤酒各10 000件、罐装啤酒2 000件。开具增值税专用发票,款项已收妥存入基本存款账户。

16. 2020年12月28日,公司向本市南平连锁超市出售高端瓶装啤酒10 000件、低端瓶装啤酒20 000件、罐装啤酒4 000件。开具增值税专用发票,收到对方开出为期一个月的商业承兑汇票一张。

17. 2020年12月29日，公司车队从城北加油站购入汽油4 000升，取得增值税专用发票，用银行存款从基本存款账户支付价税款。

2.10 期末业务

2.10.1 实训目的

通过实训，帮助学生巩固和消化会计要素中涉及期末业务的基本理论知识和会计处理方法，认识、熟悉实际工作中常见的期末经济业务，指导学生运用所学知识分析期末所发生的各种经济业务并作出正确的会计处理。

2.10.2 公司制度

1. 公司产品成本计算采用品种法，在产品采用约当产量法计算成本（按完工程度50%计算），完工产品和在产品分摊同样多的材料费用。
2. 公司的啤酒消费税按每吨250元计交（高端瓶装啤酒0.006吨/件、低端瓶装啤酒0.00744吨/件、罐装啤酒0.00852吨/件），城市维护建设税税率为7%，教育费附加的比例为3%，按季预缴、年终汇算清缴。
3. 土地使用税税率每年每平方米5元，按月计提，分期缴纳，每年分两次分别于1月和7月10日前缴纳。
4. 房产税按月以房屋原值的70%为计提基数，计提比例为1.2%。每年分两次分别于1月10日和7月10日前缴纳。
5. 对于车间内使用的工程车辆，暂不征收车船税；对于载货汽车按自重每吨60元/年计征车船税，东方啤酒公司7辆卡车每辆自重3吨；对于管理用的3辆小汽车，按每辆360元/年计交车船税。
6. 所得税采用资产负债表债务法核算。公司适用所得税税率为25%。我国税法规定企业的固定资产采用平均年限法计提折旧，其他规定与会计准则规定相同。税法规定企业计提资产减值准备金除应收款项允许按5‰在计算应纳税所得额时扣除外，其他资产减值准备金一律不得扣除。除折旧费、应收款项减值外，1月—11月无其他纳税调整项目。交易性金融资产期末产生的公允价值变动损益，在计算应纳税所得额时允许扣除。公司按季预交所得税并结转，于每季终了后15日内缴纳，年末按全年利润总额和适用所得税税率计算调整，完成所得税的汇算后多退少补。
7. 公司采用账结法核算损益。公司按税后利润的10%和5%计提法定公积金和法定公益金，计提时间为年末。向股东分配利润于次年3月由董事会提出分配方案，经股东大会表决通过后执行。

8. 分配率保留四位小数，固定资产折旧和无形资产摊销保留整数，其余计算保留两位小数。

2.10.3 实训业务

1. 2020年12月31日，电梯安装完毕验收合格，以银行存款支付安装费4 000元，增值税360元。同日行政楼改造完工，验收合格交付使用。

2. 2020年12月31日，简易仓库一栋完工，验收合格交付使用，以银行存款支付工程款余款及税款126 000元。

3. 2020年12月31日，转销12月2日出纳员发现的现金长款50元。月末银行存款日记账和银行对账单核对一致，未发生未达账项。

4. 2020年12月31日，有关交易性金融资产的公允价值如下：和谊股份公司股票每股6元，红星股票每股28元，森林债券每100元市价为115元，计提森林公司债券利息。

5. 2020年12月31日，计算当月转让金融商品应交增值税。

6. 2020年12月31日，应付向阳公司款项33 200元，因对方公司撤销无法支付，董事会研究决定予以转销。

7. 2020年12月31日，本月10日从光华公司购入的啤酒罐30 000个，发票账单仍未收到。估计价格为0.7元/个。

8. 2020年12月31日，按处理意见(计入管理费用)转销本月11日发现的因管理不善发生霉变的曲靖麦0.4吨。

9. 2020年12月31日，分配结转本月材料费用。

10. 2020年12月31日，计提当月固定资产折旧。

11. 2020年12月31日，结转无形资产的研发支出——费用化支出7 700元。

12. 2020年12月31日，计提无形资产摊销额。

13. 2020年12月31日，分配12月份的工资及计提职工福利费。

14. 2020年12月31日，计提工会经费、职工教育经费。

15. 2020年12月31日，计算公司本月应当为职工缴纳的社保基金和住房公积金。

16. 2020年12月31日，计提短期借款、长期借款和应付债券利息。

17. 2020年12月31日，对期末应收账款计提坏账准备，计提比例5%。除应收账款外，其他资产经减值测试，未出现减值迹象，因此不计提资产减值准备。

18. 2020年12月31日，分配生产车间制造费用，按完工产品产量比例分配。(高端瓶装啤酒完工入库44 000件，在产品800件；低端瓶装啤酒完工入库111 000件，在产品2 000件；罐装啤酒完工入库14 000件，在产品1 000件)。

19. 2020年12月31日，计算结转完工产品成本。(按完工程度50%计算月末在产品成本，在产品与完工产品分摊同样多的材料费用)。

20. 2020年12月31日，计算结转本月已销产品成本。

21. 2020年12月31日，计算结转本月未交增值税。

22. 2020年12月31日，计算结转本月应交消费税、城建税和教育费附加。

23. 2020年12月31日,计算结转本月应交房产税、土地使用税、车船税。
24. 2020年12月31日,计算结转有关损益类账户。
25. 2020年12月31日,计算结转本月应交所得税。
26. 2020年12月31日,计算结转本年实现的净利润。
27. 2020年12月31日,按净利润的10%和5%计提法定盈余公积和法定公益金,结转利润分配有关明细账余额。

2.11 财务报告

2.11.1 实训目的

通过实训,帮助学生熟悉对账、结账等基础工作,巩固和消化有关财务报告的基础理论和编制方法,指导学生熟练掌握资产负债表、利润表的编制方法,了解现金流量表的结构和主要项目的填列方法。

2.11.2 公司制度

1. 会计期末需进行对账,包括账证核对、账实核对和账账核对;然后进行结账。
2. 根据总分类账户及相关会计核算资料编制财务报告。

2.11.3 实训业务

1. 编制资产负债表3-11-1。
2. 编制利润表3-11-2。
3. 编制现金流量表3-11-3。

第3章

模拟公司会计业务（原始凭证部分）

实训一　货币资金

```
中国建设银行    （滇）
现金支票存根
  E X
  ─ ─ 03202421
  0 2
附加信息ﾠ_____
ﾠ_____
ﾠ_____

出票日期 2020 年 12 月 1 日
收款人：东方啤酒公司
金　额：10 000.00 元
用　途：备用
单位主管 张成栋  会计 李　松
```

图 3-1-1($\frac{1}{1}$)

费　用　报　销　单

报销日期：2020年12月1日　　　　　　　　　　　　附件15张(略)

费用项目	类　别	金　额	单位负责人	李志刚
销售费用	展览费等	16 000.00	（签　章）	
		现金付讫	审查意见	同意报销
			报销人	董立飞
报销金额合计		￥16 000.00		
核实金额(大写)：壹万陆仟元整				
借款数：￥10 000.00　　　　　应退数　　　　　应补金额：￥16 000.00				
列支渠道	展览费等			

审核：张成栋　　　　　　　　　　　　　　　　　　　出纳：陈　芳

图 3-1-2($\frac{1}{4}$)

- 25 -

费用报销单

报销日期：2020年12月1日　　　　　　　　　　　　　　　附件1张

费用项目	类别	金额	单位负责人（签章）	李志刚
管理费用	办公费	6 900.00		
应交税费	增值税	897.00	审查意见	同意报销
		现金付讫	报销人	王秋生
报销金额合计		¥7 797.00		
核实金额(大写)：柒仟柒佰玖拾柒元整			
借款数：¥10 000.00　　　　应退数　　　　应补金额：¥7 797.00			
列支渠道	购买办公用品			

审核：张成栋　　　　　　　　　　　　　出纳：陈　芳

图 3-1-2($\frac{2}{4}$)

5203189137　　　　　　　**云南省增值税专用发票**　　　　No　52467368
　　　　　　　　　　　　　　抵扣联　　　　　　　　开票日期：2020年11月27日

购货单位	名　　称	东方啤酒公司	密码区	234312-3-578<1+45*54* 163312><8182*69*08814 加密版本:03 <4<2*1702-8> 8*+<142< /0 4700030030 * 6/5*> > 2-3*0/8> >　256437821		
	纳税人识别号：	677856432198769				
	地址、电话：	丽都市永顺路88号 6885688				
	开户行及账号：	建行丽都市支行 675843218977027				
货物或应税劳务、服务名称	规格型号	单位	数量	单价	金额	税率	税额
笔记本		本	50	28.00	1 400.00	13%	182.00
打印纸		件	50	100.00	5 000.00	13%	650.00
碳素笔		盒	50	25.00	500.00	13%	65.00
合　计					¥6 900.00		¥897.00
价税合计(大写)	柒仟柒佰玖拾柒元整				(小写) ¥7 797.00		
销货单位	名　　称	云南丽都市华乐文具店	备注	华乐文具店		
	纳税人识别号：	467852542256132				
	地址、电话：	丽都市和平路36号 6867522				
	开户行及账号：	工行和平路支行 274000537563228				

收款人：李丽涛　　　复核：王洪景　　　开票人：张芳芳　　　销货单位(章)

图 3-1-2($\frac{3}{4}$)

5203189137

云南省增值税专用发票

No 52467368

开票日期：2020年11月27日

发票联

购货单位	名　　　称：东方啤酒公司 纳税人识别号：677856432198769 地　址、电　话：丽都市永顺路88号 6885688 开户行及账号：建行丽都市支行 675843218977027	密码区	234312-3-578<1+45*54* 163312><8182*69*08814 加密版本：03 <4<2*1702-8> 8*+<142< /0 4700030030 * 6/5*> > 2-3*0/8> >　256437821

货物或应税劳务、服务名称	规格型号	单位	数量	单价	金额	税率	税额
笔记本		本	50	28.00	1 400.00	13%	182.00
打印纸		件	50	100.00	5 000.00	13%	650.00
碳素笔		盒	50	25.00	500.00	13%	65.00
合　　计					￥6 900.00		￥897.00
价税合计（大写）	柒仟柒佰玖拾柒元整				（小写）￥7 797.00		

销货单位	名　　　称：云南丽都市华乐文具店 纳税人识别号：467852542256132 地　址、电　话：丽都市和平路36号　6867522 开户行及账号：工行和平支行 274000537563228	备注	华乐文具店

收款人：<u>李丽涛</u>　　　复核：<u>王洪景</u>　　　开票人：<u>张芳芳</u>　　　销货单位：（章）

第三联 发票联 购货方记账凭证

图 3-1-2（4/4）

借　款　单

2020年12月2日

部　　门	总经理办公室	姓　名	刘立强	借款用途	出　差
借款金额	人民币（大写）肆仟元整			现金付讫	（小写）￥4 000.00
实际报销金额		结余金额		负责人审核意见	同意借款
		超支金额			李志刚
备注				结账日期	2020年12月2日

财务主管：<u>张成栋</u>　　　会计：<u>李松</u>　　　出纳：<u>陈芳</u>　　　借款人签章：<u>刘立强</u>

图 3-1-3（1/1）

现金盘点报告表

2020年12月2日

项　目	票　面	数　量	金　额	盘点异常及建议事项	
现金盘点报告表	￥100.00	100	10 000.00		
	￥50.00	200	10 000.00		
	￥10.00	150	1 500.00		
	￥5.00	100	500.00		
	￥1.00	40	40.00		
	￥0.50	20	10.00	盘点结果及要点报告	
	￥0.20			盘盈	
	￥0.10				
小　计			22 050.00	总经理	财务经理
账面数			22 000.00		
处理结果	盘盈		50.00		
	盘亏				

于2020年12月2日16时盘点时本人在场,暂列待处理财产损溢。

保管人：<u>陈　芳</u>　　　　　　盘点人：<u>陈　芳　李　松</u>

盘点人：<u>陈　芳　李　松</u>　　　复核人：<u>张成栋</u>　　　　核准人：

图 3-1-4 ($\frac{1}{1}$)

费　用　报　销　单

报销日期：2020年12月3日　　　　　　　　　　　　　　附件1张(略)

费用项目	类　别	金　额	单位负责人（签　章）	刘立强
管理费用	业务招待费	2 000.00		
			审查意见	同意报销
		现金付讫	报销人	王高平
报销金额合计		￥2 000.00		
核实金额(大写)：贰仟元整				
借款数：	应退数：	应补金额：￥2 000.00		
列支渠道	招待客户			

审核：<u>张成栋</u>　　　　　　　　　　　　出纳：<u>陈　芳</u>

图 3-1-5 ($\frac{1}{1}$)

中 华 人 民 共 和 国
税 收 通 用 缴 款 书

征收机关：丽都市国家税务总局第一分局　　　　　　　国　号

隶属关系：区级

注册类型：股份有限公司　　　　填制日期：2020年12月4日

缴款单位	代　码	677856432198769	预算科目	编码	101010102
	全　称	丽都市东方啤酒公司		名称	增值税、消费税、城建税、教育费附加
	开户银行	中国建设银行丽都市支行		级次	
	账　号	675843218977027		收缴国库	市金库

税款所属时期：2020年11月　　　　税收限缴日期：2020年12月10日

品目名称	课税数量	计税金额	税率或单位税额	已缴或扣除额	实缴金额
增值税		2 400 400.00	13%	115647.00	196 405.00
消费税	198		250元/吨		49 500.00
城建税		245 905.00	7%		17 213.35
教育费附加		245 905.00	3%		7 377.15
合　计					270 495.50

金额合计：人民币（大写）贰拾柒万零肆佰玖拾伍元伍角整

缴款单位（盖章）经办人（章）	税务机关（盖章）填票人（章）	上列款项已收托并划转国库 2020年12月4日	备注：

逾期不缴按税法规定加收滞纳金

图 3-1-6（$\frac{1}{2}$）

中国建设银行　（滇）
转账支票存根

$\frac{E}{0}\frac{X}{2}$ 03302531

附加信息
_____
_____
_____

出票日期 2020年12月4日

收款人：丽都市国税一分局
金　额：270 495.50
用　途：缴纳11月增值税、消费税、城建税、教育费附加
单位主管 张成栋　会计 李　松

图 3-1-6（$\frac{2}{2}$）

费 用 报 销 单

报销日期：2020年12月6日　　　　　　　　　　　　　　附件5张(略4张)

费用项目	类　别	金　额	单位负责人（签　章）	李志刚
管理费用	差旅费	4 432.08		
应交税费	增值税	67.92	审查意见	同意报销
		现金付讫	报销人	刘立强
报销金额合计		￥4 500.00		
核实金额(大写)：肆仟伍佰元整				
借款数：￥4 000.00	应退数		应补金额：￥500.00	
列支渠道	招待客户			

审核：张成栋　　　　　　　　　　　　　　　出纳：陈　芳

图 3-1-7（$\frac{1}{3}$）

6202748657　　　　　　**云南省增值税专用发票**　　　　　　No 55683786

抵扣联　　　　　　　　　　　　　　　　开票日期：2020年12月6日

购货单位	名　　称	东方啤酒公司	密码区	754312-3-578<1+45*54* 163312><8182*69*08814 加密版本:07 <4<2*1702-8> 8*+<142< /0 380207030 * 6/5*> > 2-3*0/8> > 46437873
	纳税人识别号	677856432198769		
	地址、电话	丽都市永顺路88号 6885688		
	开户行及账号	建行丽都市支行 675843218977027		

货物或应税劳务、服务名称	规格型号	单位	数量	单价	金额	税率	税额
住宿费		天	3	377.36	1 132.08	6%	67.92
合　计					￥1 132.08		￥67.92

价税合计(大写)	壹仟贰佰元整	（小写）￥1 200.00

销货单位	名　　称	云南新都大酒店	备注	
	纳税人识别号	767852342256136		
	地址、电话	新都市青年路67号 8864527		
	开户行及账号	工行青年路支行 674000534563122		

收款人：王梅丹　　　复核：于　彬　　　开票人：张丽英　　　销货单位：(章)

图 3-1-7（$\frac{2}{3}$）

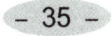

6202748657

云南省增值税专用发票

发票联

No 55683786

开票日期：2020年12月6日

购货单位	名　　称：东方啤酒公司
	纳税人识别号：677856432198769
	地址、电话：丽都市永顺路88号 6885688
	开户行及账号：建行丽都市支行 675843218977027

密码区：
754312-3-578<1+45*54*
163312><8182*69*08814
加密版本：07
<4<2*1702-8> 8*+<142< /0 380207030
* 6/5*> > 2-3*0/8> >　46437873

货物或应税劳务、服务名称	规格型号	单位	数量	单价	金额	税率	税额
住宿费		天	3	377.36	1 132.08	6%	67.92
合　计					￥1 132.08		￥67.92

价税合计（大写）　壹仟贰佰元整　　　　　（小写）￥1 200.00

销货单位	名　　称：云南新都大酒店
	纳税人识别号：767852342256136
	地址、电话：新都市青年路67号　8864527
	开户行及账号：工行青年路支行 674000534563122

备注

收款人：王梅丹　　　复核：寸　彬　　　开票人：张丽英　　　销货单位：（章）

第三联　发票联　购货方记账凭证

图 3-1-7（$\frac{3}{3}$）

中国建设银行（滇）
现金支票存根

$\frac{E}{0}\frac{X}{2}$ 03202422

附加信息

出票日期 2020年12月8日

收款人：	东方啤酒公司
金　额：	24 000.00元
用　途：	备用

单位主管 张成栋　会计 李　松

图 3-1-8（$\frac{1}{1}$）

实训二　往来款项

中国建设银行电汇凭证(回单)

委托日期：2020年12月4日

汇款人	全　称	东方啤酒公司	收款人	全　称	云南万兴公司
	账　号	675843218977027		账　号	578964234561763
	汇出地点	云南省丽都市		汇入地点	云南省本土市
	汇出行名称	建设银行丽都市支行		汇入行名称	工行大顺支行
金额	人民币(大写)肆万陆仟捌佰元整			十万千百十元角分 ￥ 4 6 8 0 0 0 0

支付密码

附加信息及用途

复核　记账

汇出行签章（中国建设银行云南省分行丽都支行）

此联是汇出行给汇款人的回单

图 3-2-1($\frac{1}{1}$)

商品购销合同

合同号：2020-155
甲方(购货方)：方达连锁有限公司
乙方(销货方)：丽都市东方啤酒公司
本着平等互利的原则，经双方协商，共同订立如下合同：
一、双方必须有合法的营业执照，乙方所供商品必须有合法商标，根据不同商品分别提供生产、经营许可证、注册商标证、产品合格证、进口商品检验证等。
二、甲方向乙方订购以下商品：

序号	商品名称	规格型号	计量单位	数量	单价	金　额
	高端瓶装啤酒		件	1 500	48.60	72 900.00
	低端瓶装啤酒		件	2 000	32.40	64 800.00
	合计					137 700.00

三、到货时间：乙方在10日内发货，货物委托运输公司运输，费用由购货方承担。
四、货款结算：支票结算　　货款享受九折优惠
五、合同一式 贰 份，双方盖章后生效。如违约须赔偿对方损失，按价款 30% 赔款，不可抗力除外。
本合同在履行过程中，若发生纠纷或异议，双方协调解决。
甲方：方达连锁有限公司　　　　　　乙方：丽都市东方啤酒公司
法人代表：陈玉林　　　　　　　　　法人代表：王高平
账　号：工行城北支行 584000535462345　账　号：建行丽都市支行 675843218977027
电　话：6844156　　　　　　　　　电　话：6885688
地　址：丽都市城北路35号　　　　　地　址：丽都市永顺路88号
签约日期：2020年12月1日　　　　　签约日期：2020年12月1日

注：此凭证不作为记账依据

图 3-2-2($\frac{1}{3}$)

5201896335

云南省增值税专用发票   No 00206054

此联不作报销、扣税凭证使用   开票日期：2020年12月4日

购货单位	名　　　　称：方达连锁有限责任公司 纳税人识别号：667852210589476 地　址、电　话：丽都市城北路 35 号 6844156 开户行及账号：工行城北支行 584000535462345	密码区	154312-3-578<1+45*54* 163312><8182*69*08814 　　　　　　　　加密版本:02 <4<2*1702-8> 8*+<142< /0 570418561 * 6/5*> > 2-3*0/8> >　00206054

货物或应税劳务、服务名称	规格型号	单位	数量	单价	金额	税率	税额
高端瓶装啤酒		件	1 500	48.60	72 900.00	13%	9 477.00
低端瓶装啤酒		件	2 000	32.40	64 800.00	13%	8 424.00
合　计					￥137700.00		￥17 901.00
价税合计（大写）	壹拾伍万伍仟陆佰零壹元整				（小写）￥155 601.00		

销货单位	名　　　　称：东方啤酒公司 纳税人识别号：677856432198769 地　址、电　话：丽都市永顺路 88 号 6885688 开户行及账号：建行丽都市支行 675843218977027	备注	（丽都市东方啤酒公司 发票专用章）

收款人：陈 芳　　复核：李 松　　开票人：张 平　　销货单位：（章）

图 3-2-2（2/3）

产 成 品 出 库 单   凭证编号：301203

用途：出售　　　　　2020年12月4日　　　　　产成品库：1号库

类别	编号	名　称	单位	数量	单位成本	总成本	附注：
		高端瓶装啤酒	件	1 500			
		低端瓶装啤酒	件	2 000			
		合　计					

会计：李 松　　　　保管：王晓兵　　　　制单：李 森

图 3-2-2（3/3）

第3章 模拟公司会计业务（原始凭证部分）

托 收 凭 证 （汇款依据或收账通知）4

委托日期：2020年11月29日　　付款期限 2020年12月05日

业务类型	委托收款（□邮划 □电划）		托收承付（□邮划 ☑电划）		
付款人	全 称	前进公司	收款人	全 称	东方啤酒公司
	账 号	675843215006759		账 号	675843218977027
	地 址	云南省 昆明市县 开户行 建行春城支行		地 址	云南省 丽都市县 开户行 建行丽都支行
金额	人民币（大写）叁万伍仟壹佰元整		亿 千 百 十 万 千 百 十 元 角 分 ￥ 3 5 1 0 0 0 0		
款项内容	销货款	托收凭据名称	托收承付	附寄单证张数	3张
商品发运情况		已发运	合同名称号码	2020-137	
备注：		上列款项已划回收入你方账户内。 收款人开户银行签章 2020 年 12 月 5 日			
复核　　记账					

此联是收款人开户银行给收款人的收账通知

图 3-2-3（$\frac{1}{1}$）

商品购销合同

合同号：2020-157

甲方（购货方）：丽都市东方啤酒公司

乙方（销货方）：云南利丰公司

本着平等互利的原则，经双方协商，共同订立如下合同：

一、双方必须有合法的营业执照，乙方所供商品必须有合法商标，根据不同商品分别提供生产、经营许可证、注册商标证、产品合格证、进口商品检验证等。

二、甲方向乙方订购以下商品：

序号	商品名称	规格型号	计量单位	数量	单价	金额
	澳麦		吨	100	4 200.00	420 000.00
	合计					420 000.00

三、到货时间：乙方在 5 日内发货，货物委托运输公司运输，费用由购货方承担。

四、货款结算：不带息商业承兑汇票，期限 3 个月

五、合同一式 贰 份，双方盖章后生效。如违约须赔偿对方损失，按价款 30% 赔款，不可抗力除外。

本合同在履行过程中，若发生纠纷或异议，双方协调解决。

甲方：丽都市东方啤酒公司　　　　　　乙方：云南利丰公司

法人代表：王高平　　　　　　　　　　法人代表：王伟力

账号：建行丽都市 675843218977027　　账号：工行正怀路支行 584000534563126

电话：6885688　　　　　　　　　　　电话：7864526

地址：丽都市永顺路88号　　　　　　　地址：顺天市正怀路56号

签约日期：2020 年 12 月 4 日　　　　签约日期：2020 年 12 月 4 日

注：此凭证不作为记账依据

图 3-2-4（$\frac{1}{6}$）

云南省增值税专用发票（抵扣联）

No 25643786
5301898543
开票日期：2020年12月5日

购货单位	名　　称	东方啤酒公司	密码区	154312-3-578<1+45*54* 163312><8182*69*08814 加密版本:02 <4<2*1702-8> 8*+<142< /0 4700030030 * 6/5*> > 2-3*0/8>> 25643786
	纳税人识别号	677856432198769		
	地址、电话	丽都市永顺路88号 6885688		
	开户行及账号	建行丽都市支行675843218977027		

货物或应税劳务、服务名称	规格型号	单位	数量	单价	金额	税率	税额
澳麦		吨	100	4 200.00	420 000.00	13%	54 600.00
合　计					￥420 000.00		￥54 600.00
价税合计（大写）	肆拾柒万肆仟陆佰元整				（小写）￥474 600.00		

销货单位	名　　称	云南利丰公司	备注	云南利丰有限责任公司 发票专用章
	纳税人识别号	667852342256135		
	地址、电话	顺天市正怀路56号 7864526		
	开户行及账号	工行正怀路支行584000534563126		

收款人：徐海涛　　复核：陈洪　　开票人：张永平　　销货单位：（章）

图 3-2-4（2/6）

云南省增值税专用发票（发票联）

No 25643786
5301898543
开票日期：2020年12月5日

购货单位	名　　称	东方啤酒公司	密码区	154312-3-578<1+45*54* 163312><8182*69*08814 加密版本:02 <4<2*1702-8> 8*+<142< /0 4700030030 * 6/5*> > 2-3*0/8>> 25643786
	纳税人识别号	677856432198769		
	地址、电话	丽都市永顺路88号 6885688		
	开户行及账号	建行丽都市支行675843218977027		

货物或应税劳务、服务名称	规格型号	单位	数量	单价	金额	税率	税额
澳麦		吨	100	4 200.00	420 000.00	13%	54 600.00
合　计					￥420 000.00		￥54 600.00
价税合计（大写）	肆拾柒万肆仟陆佰元整				（小写）￥474 600.00		

销货单位	名　　称	云南利丰公司	备注	云南利丰有限责任公司 发票专用章
	纳税人识别号	667852342256135		
	地址、电话	顺天市正怀路56号 7864526		
	开户行及账号	工行正怀路支行584000534563126		

收款人：徐海涛　　复核：陈洪　　开票人：张永平　　销货单位：（章）

图 3-2-4（3/6）

商 业 承 兑 汇 票（存根）3

汇票号码 6854631

出票日期(大写)　贰零贰零年壹拾贰月零伍日

付款人	全　称	东方啤酒公司	收款人	全　称	云南利丰公司
	账　号	675843218977027		账　号	58400053563126
	汇出地点	建行丽都市支行		汇入地点	顺天市工行正怀路支行

出票金额	人民币(大写)肆拾捌万柒仟陆佰捌拾元整	百 十 万 千 百 十 元 角 分
		￥ 4 8 7 6 8 0 0 0

汇票到期日(大写)	贰零贰壹年零叁月零伍日	付款人开户行	行号	2410
交易合同号码	2020-156		地址	丽都市槐桦路25号

备注	

出票人：王商口

此联由出票人存查

图 3-2-4（4/6）

2307898534　　　　　云南省增值税专用发票　　　　No 35743581

抵扣联　　　　　　　　　　　　　开票日期：2020年12月5日

购货单位	名　　称	东方啤酒公司	密码区	354312-3-578<1+45*54* 163312><8182*69*08814 <4<2*1702-8> 8*+<142< /0 5701230048 * 6/5*> ＞ 2-3*0/8> ＞ 56437
	纳税人识别号：	677856432198769		
	地址、电话：	丽都市永顺路88号 6885688		
	开户行及账号：	建行丽都市支行6758432189770272		

货物或应税劳务、服务名称	规格型号	单位	数量	单价	金额	税率	税额
运费					12 000.00	9%	1 080.00
合　计					￥12 000.00		￥1 080.00

价税合计(大写)	壹万叁仟零捌拾元整	（小写）￥13 080.00

销货单位	名　　称	顺天市运输公司	备注	
	纳税人识别号：	677855662314987		
	地址、电话：	顺天市前进路27号 2864526		
	开户行及账号：	工行前进路支行 774000534563129		

第二联 抵扣联 购货方扣税凭证

收款人：李丽涛　　复核：王洪景　　开票人：张芳芳　　销货单位：(章)

图 3-2-4（5/6）

云南省增值税专用发票

2307898534 No 35743581

发票联 开票日期：2020年12月5日

购货单位	名　　　称	东方啤酒公司	密码区	354312-3-578<1+45*54* 163312><8182*69*08814 <4<2*1702-8> 8*+<142< /0 5701230048 * 6/5*> > 2-3*0/8> > 56437
	纳税人识别号	677856432198769		
	地址、电话	丽都市永顺路88号 6885688		
	开户行及账号	建行丽都市支行675843218977027		

货物或应税劳务、服务名称	规格型号	单位	数量	单价	金额	税率	税额
运　费					12 000.00	9%	1 080.00
合　计					￥12 000.00		￥1 080.00

价税合计(大写)	壹万叁仟零捌拾元整	(小写) ￥13 080.00

销货单位	名　　　称	顺天市运输公司	备注	
	纳税人识别号	677855662314987		
	地址、电话	顺天市前进路27号 2864526		
	开户行及账号	工行前进路支行 774000534563129		

收款人：李丽涛　　复核：王洪景　　开票人：张芳芳　　销货单位：(章)

图 3-2-4($\frac{6}{6}$)

中国建设银行进账单（收账通知）3

2020年12月7日　　　　第　号

出票人	全　称	方达连锁有限公司	收款人	全　称	东方啤酒公司
	账　号	58400053546234		账　号	675843218977027
	开户银行	工行城北支行		开户银行	建行丽都市支行

金额	人民币(大写)壹拾伍万伍仟陆佰零壹元整	亿	千	百	十	万	千	百	十	元	角	分
			￥	1	5	5	6	0	1	0	0

票据种类	转账支票	票据张数	1
票据号码	5334856		

收款人开户银行盖章
2020年12月7日

单位主管　　会计　　复核　　记账

图 3-2-5($\frac{1}{1}$)

商品购销合同

合同号：2020-157
甲方（购货方）：方达连锁有限公司
乙方（销货方）：丽都市东方啤酒公司
本着平等互利的原则，经双方协商，共同订立如下合同：
一、双方必须有合法的营业执照，乙方所供商品必须有合法商标，根据不同商品分别提供生产、经营许可证、注册商标证、产品合格证、进口商品检验证等。
二、甲方向乙方订购以下商品：

序号	商品名称	规格型号	计量单位	数量	单价	金　额
	罐装啤酒		件	1 000	144.00	144 000.00
	合计					144 000.00

三、到货时间：乙方在10日内发货并送货上门。
四、货款结算：付款条件(2/10，1/20，n/30，购货方应支付的进项税额不享受折扣）
五、合同一式 贰 份，双方盖章后生效。如违约须赔偿对方损失，按价款 30% 赔款，不可抗力除外。
本合同在履行过程中，若发生纠纷或异议，双方协调解决。

甲方：方达连锁有限公司　　　　　　　乙方：丽都市东方啤酒公司
法人代表：陈玉林　　　　　　　　　　法人代表：王高平
账号：工行城北支行 584000535462345　账号：建行丽都市支行 675843218977027
电话：6844156　　　　　　　　　　　　电话：6885688
地址：丽都市城北路35号　　　　　　　地址：丽都市永顺路88号
签约日期：2020年12月8日　　　　　　 签约日期：2020年12月8日

注：此凭证不作为记账依据

图 3-2-6（$\frac{1}{3}$）

5201896335

云南省增值税专用发票

No 00206055

此联不作报销、扣税凭证使用　　开票日期：2020年12月8日

购货单位	名　　称：方达连锁有限责任公司 纳税人识别号：667852210589476 地　址、电　话：丽都市城北路35号 6844156 开户行及账号：工行城北支行 584000535462345	密码区	154312-3-578<1+45*54* 163312><8182*69*08814　加密版本：02 <4<2*1702-8> 8*+<142</ 0 570418561 * 6/5*> > 2-3*0/8> >　00206057

货物或应税劳务、服务名称	规格型号	单位	数 量	单 价	金 额	税率	税 额
罐装啤酒		件	1 000	144.00	144 000.00	13%	18 720.00
合　计					￥144 000.00		￥18 720.00

价税合计（大写）　壹拾陆万贰仟柒佰贰拾元整　　　（小写）￥162 720.00

销货单位	名　　称：东方啤酒公司 纳税人识别号：677856432198769 地　址、电　话：丽都市永顺路88号 6885688 开户行及账号：建行丽都市支行 675843218977027	备注	

第一联 记账联 销货方记账凭证

收款人：陈芳　　复核：李松　　开票人：张平　　销货单位：（章）

图 3-2-6（$\frac{2}{3}$）

产 成 品 出 库 单

凭证编号：301205

用途：出售　　　　2020年12月8日　　　　产成品库：1号库

类别	编号	名 称	单位	数量	单位成本	总成本	附注：
		罐装啤酒	件	1 000			
		合　计					

会计：李松　　　　　　保管：王晓兵　　　　　　制单：李森

第三联　记账联

图 3-2-6（$\frac{3}{3}$）

关于东方啤酒公司2020年第六次临时股东大会法律意见书

致：东方啤酒公司

　　云南吴庆功律师事务所（以下简称"本所"）接受东方啤酒公司（以下简称"公司"）的委托，指派方晓晓律师出席公司2020年第六次临时股东大会（以下简称"本次大会"）。本所律师依据《中华人民共和国公司法》、《中华人民共和国证券法》、《上市公司股东大会规则》、公司章程以及律师行业公认的业务标准，对公司本次股东大会的召集和召开程序、出席会议人员的资格、表决方式、表决程序的合法性、有效性，进行了认真的审查，现出具法律意见如下：

　　一、本次股东大会的召集、召开程序

　　公司董事会决定于2020年12月10日召开公司2020年第六次临时股东大会，于2020年12月2日在《中国证券报》、《证券时报》上刊登了本次大会的通知，本次大会于2020年12月10日上午9:00在云南省丽都市正北路16号金银大酒店6楼会议厅召开。经验证，本所律师认为本次大会召开的时间、地点、会议内容与公告一致。本次大会召集、召开程序符合法律、法规及公司章程的相关规定。

　　二、出席本次大会人员及本次大会召集人的资格

　　出席本次大会现场会议的股东及股东代理人共4人，代表股份8 500 000股，占公司股本总额的14%，经本所律师查验和核对出席会议的股东姓名、持股数量与《股东名册》记载一致，股东代理人均提交了相关的授权文件，本所律师认为上述出席会议的股东及股东代理人资格均合法有效。公司部分董事、监事、高级管理人员等亦出席了会议。本次股东大会的召集人为公司董事会，召集人的资格合法有效。

　　三、本次股东大会提出新议案

　　经方晓晓律师见证，本次股东大会提出新议案

　　《关于申请核销坏账准备的议案》之表决结果如下：

　　本次股东大会以39 000 000股，占出席本次股东大会的股东及股东代表（或代理人）所持表决权的65%赞成，通过《关于申请核销坏账准备的议案》

　　四、本次股东大会的表决程序

　　经方晓晓律师见证，本次股东大会现场投票采用记名方式表决了会议通知中列明的议案，并按《股东大会规则》的规定由各股东代表和方晓晓律师共同进行了监票和计票，以上各项议案取得了出席本次大会的股东及股东代表（或代理人）所持表决权的半数以上通过，以上议案的表决方式、表决程序符合有关法律规定。

　　五、结论意见

　　签于上述事实，本所律师认为：公司本次股东大会的召开、召集，会议出席人员及会议召集人的资格和表决程序符合法律、法规和公司章程的规定，大会对议案的表决程序合法有效。

　　　　　　　　　　　　　　　　　　云南吴庆功律师事务所

　　　　　　　　　　　　　　　　　　经办律师：方晓晓

　　　　　　　　　　　　　　　　　　二〇二〇年十二月八日

图 3-2-7（$\frac{1}{5}$）

企业法人破产还债申请书

申　请　人：东方啤酒公司
地　　　址：丽都市永顺路88号
法定代表人：王高平　　　　职务：董事长　　　电话：13708750033
被 申 请 人：星星商场
地　　　址：丽都市正南路12号
法定代表人：王小平　　　　职务：总经理　　　电话：13387561233

请求事项：
依法宣告被申请人破产，并以其财产清偿所欠申请人债务

事实与理由：
　　自2019年始，被申请人先后从申请人处购买啤酒，价值近60 000元，但因被申请人经营管理不善、产品滞销等原因，被申请人一直未能给付申请人上述货款。2020年7月，被申请人提出如果2020年9月底仍不能给付部分货款，即以其存货及固定资产清偿债务，并向申请人提交了《存货及固定资产明细表》。2020年9月，被申请人再次表示无力还债。据了解，被申请人目前已长期停业，并拖欠其他债务近120万元，而被申请人目前资产仅为90万元，不能清偿到期债务已呈连续状态。为避免国有资产继续流失，依据《民事诉讼法》第199条规定，特向你院申请债务人破产还债，并申报债权计人民币60 000元。

此致
丽都市中级人民法院

申请人：东方啤酒公司
法定代表人：王高平
2020年12月2日

图 3-2-7（2/5）

中国建设银行 进账单（收账通知）3

2020年12月10日　　　　第　号

出票人	全　称	星星商场	收款人	全　称	东方啤酒公司
	账　号	584000535123654		账　号	675843218977027
	开户银行	工行城北支行		开户银行	建行丽都市支行

金额	人民币(大写) 伍万叁仟伍佰陆拾元整	亿	千	百	十	万	千	百	十	元	角	分
					¥	5	3	5	6	0	0	0

票据种类	转账支票	票据张数	1
票据号码	8374643		

中国建设银行云南省分行 丽都支行 转讫

收款人开户银行盖章
2020年12月10日

单位主管　　会计　　复核　　记账

此联是收款人开户银行交给收款人的收账通知

图 3-2-7（3/5）

丽都市中级人民法院

(2020)执监字第156号

丽都市东方啤酒公司：

被申请人星星商场于2020年12月5日作出裁定，宣告该公司破产还债。经清算组清算，该公司全部破产财产变现后，按破产清算顺序，除支付优先股拨付的破产费用和职工生活费外剩余债权总额为25万元，按比例你们获得53 560元破产债权。未清偿债权不再清偿。

此复

丽都市中级人民法院
2020年12月5日

图 3-2-7($\frac{4}{5}$)

公告编号：临2016—043

东方啤酒公司五届十七次董事会决议公告

本公司及董事会全体成员保证公告内容的真实、准确和完整，没有虚假记载、误导性陈述或者重大遗漏。

东方啤酒公司五届十七次董事会会议通知于2020年12月6日，以书面、传真方式发给公司10名董事，会议于2020年12月8日在公司五楼会议室召开。应到董事10人，实到董事9人，1名董事办理了委托，李小三独立董事委托杨力独立董事代其出席会议行使表决权，并在董事会决议上签字，符合《中华人民共和国公司法》和本公司章程的有关规定。会议由公司董事长王高平先生主持，公司监事、部分高管人员列席了本次会议。经审议，到会董事一致通过了如下决议：

会议以10票同意、0票反对、0票弃权的表决结果，审议通过了《关于公司核销坏账的议案》：

公司对因对方单位破产且核查无法回收的应收账款进行核销，本次核销的坏账金额为6 440元，已计提坏账准备6 440元。

本次坏账的核销，优化了公司资产的质量，降低了日后的收账成本，利于公司的长远发展。本次核销坏账不涉及关联交易。

本议案尚须公司2020年第六次股东大会审议批准。

东方啤酒公司董事会
二〇二〇年十二月八日

图 3-2-7($\frac{5}{5}$)

中国建设银行　（滇）
转账支票存根
$\frac{E}{0}\frac{X}{2}$ 03302540

附加信息

出票日期　2020 年 12 月 15 日

收款人	兴业公司
金　额	4 000.00 元
用　途	支付材料款

图 3-2-8($\frac{1}{1}$)

中国建设银行信汇凭证（收账通知）

委托日期 2020年12月13日

汇款人	全称	利达公司	收款人	全称	东方啤酒公司
	账号	578664231567892		账号	675843218977027
	汇出地点	云南省大兴市		汇入地点	云南省丽都市
	汇出行名称	工行大兴支行		汇入行名称	建设银行丽都市支行

金额	人民币(大写)叁仟元整	十万 千 百 十 元 角 分
		¥ 3 0 0 0 0 0

支付密码

附加信息及用途

汇入行签章（中国建设银行云南省分行丽都支行 转讫）

复核　记账

此联是汇入行给收款人的收账通知

图 3-2-9（1/2）

关于已确认利达公司坏账部分收回情况说明

2020年4月5日，东方啤酒公司经核实后已确认利达公司坏账33 000元，现收回3 000元。特此说明。

（东方啤酒公司 业务专用章）

营销部：董立飞
财务部：张成栋
2020年12月18日

图 3-2-9（2/2）

中国建设银行进账单（收账通知）3

2020年12月20日　　　　　　　　第　号

出票人	全称	方达连锁有限公司	收款人	全称	东方啤酒公司
	账号	584000535462345		账号	675843218977027
	开户银行	工行城北支行		开户银行	建行丽都市支行

金额	人民币(大写) 壹拾陆万壹仟贰佰捌拾元整	亿 千 百 十 万 千 百 十 元 角 分
		¥ 1 6 1 2 8 0 0 0

票据种类	转账支票	票据张数	1
票据号码	7455336		

收款人开户银行盖章（中国建设银行云南省分行丽都支行 转讫）
2020年12月20日

单位主管　　会计　　复核　　记账

此联是收款人开户银行交给收款人的收账通知

图 3-2-10（1/1）

商业承兑汇票（收账通知）2

出票日期(大写) 贰零贰零年壹拾壹月贰拾壹日　　汇票号码　7855313

付款人	全称	方达连锁有限责任公司	收款人	全称	东方啤酒公司
	账号	584000535462345		账号	675843218977027
	汇出地点	工行城北支行		汇入地点	建行丽都市支行

出票金额	人民币(大写)壹拾陆万伍仟伍佰零玖元贰角柒分	百	十	万	千	百	十	元	角	分
		¥	1	6	5	5	0	9	2	7

汇票到期日(大写)	贰零贰零年壹拾贰月贰拾壹日	付款人开户行	行号	3211
交易合同号码	2020-141		地址	丽都市城北路171号

备注　　　　　　　　　　　　　　　　　　　出票人：陈玉林

此联收款人作收账通知附件

图 3-2-11（1/2）

中国建设银行 进账单（收账通知）3

2020年12月21日　　　　　　　　　　第　号

出票人	全称	方达连锁有限责任公司	收款人	全称	东方啤酒公司
	账号	584000535462345		账号	675843218977027
	开户银行	工行城北支行		开户银行	建行丽都市支行

出票金额	人民币(大写)壹拾陆万伍仟伍佰零玖元贰角柒分	亿	千	百	十	万	千	百	十	元	角	分
						¥1	6	5	5	0	9	2	7

票据种类	商业承兑汇票	票据张数	1
票据号码	7855313		

收款人开户银行盖章
2020年12月20日

单位主管　　会计　　复核　　记账

此联是收款人开户银行交给收款人的收账通知

图 3-2-11（2/2）

商业承兑汇票（存根）3

汇票号码 6854622

出票日期（大写） 贰零贰零年玖月贰拾伍日

付款人	全 称	东方啤酒公司	收款人	全 称	云南利丰公司
	账 号	675843218977027		账 号	58400053563126
	汇出地点	建行丽都市支行		汇入地点	顺天市工行正怀路支行

出票金额	人民币（大写） 贰拾万元整	百十万千百十元角分 ¥ 2 0 0 0 0 0 0 0

汇票到期日（大写）	贰零贰零年壹拾贰月贰拾伍日	付款人开户行	行号	2410
交易合同号码	2020-133		地址	丽都市槐桦路25号

备注	

出票人：王高平

此联由出票人存查

图 3-2-12（1/2）

托 收 凭 证（付款通知）5

委托日期：2020年12月20日　　付款期限 2020年12月25日

	业务类型	委托收款（□邮划 □电划）	托收承付（□邮划 ☑电划）			
付款人	全 称	东方啤酒公司	收款人	全 称	云南利丰公司	
	账 号	675843218977027		账 号	58400053563126	
	地 址	云南省 丽都市县	开户行	建行丽都支行	地 址	云南省 顺天市县	开户行	工行正怀路支行

金额	人民币（大写） 贰拾万元整	亿千百十万千百十元角分 ¥ 2 0 0 0 0 0 0 0

款项内容	汇票到期款	托收凭据名称	托收承付	附寄单证张数	2张
商品发运情况		已发运		合同名称号码	

备注：
付款人开户银行收到日期
　　　2020 年 12 月 25 日

中国建设银行云南省分行
丽都支行
转讫
付款人开户银行签章
2020 年 12 月 25 日

付款人注意：
1. 根据支付结算办法，上列委托收款（托收承付）款项在付款期限未提出拒付，即视为同意付款，以此代付款通知。
2. 如需提出全部或部分拒付，应在规定期限内，将拒付理由书并附债务证明退交开户银行。

复核　　　记账

此联付款人开户银行给付款人按期付款通知

图 3-2-12（2/2）

- 63 -

实训三　交易性金融资产

新发证券丽都营业部买入交割凭证

成交日期	2020.12.6	证券名称	533146 和谊股票
资金账号	675840051679213	成交数量	3 000
股东代码	17816	成交净价	5.00
股东姓名	东方啤酒公司	成交金额	15 000.00
席位代码	66036	交易费用	50.00
申请编号	54712	增值税	3.00
申报时间	13:53:46	过户费	0.00
成交时间	13:54:50	附加费	0.00
单位利息		结算价格	15 053.00
成交编号	50178	实付金额	15 053.00
上次资金		本次资金	15 053.00
上次余股		本次余股	3000
委托来源		打印日期	2020.12.6

图 3-3-1（1/3）

5102798562　　　　　**云南省增值税专用发票**　　　　No 75643788

抵扣联　　　　　　　　　　　　　　　　　　开票日期：2020年12月6日

购货单位	名　称：东方啤酒公司 纳税人识别号：677856432198769 地址、电话：丽都市永顺路88号 6885688 开户行及账号：建行丽都市支行 675843218977027	密码区	254312-3-578<1+51*54* 163312><8182*69*08814 加密版本：09 <4<2*1702-8> 8*+<142</0 4700030030 * 6/5*>> 2-3*0/8>>　15643781

货物或应税名称	规格型号	单位	数量	单价	金额	税率	税额
交易费用					50.00	6%	3.00
合　计					¥50.00		¥3.00
价税合计（大写）	伍拾叁元整			（小写）¥53.00			

销货单位	名　称：新发证券有限责任公司 纳税人识别号：667852621345618 地址、电话：丽都市玉泉路78号 657820 开户行及账号：工行玉泉路支行 5840005865432775	备注	

第二联　抵扣联　购货方扣税凭证

收款人：钟晓耕　　复核：刘桂　　开票人：王月　　销货单位：（章）

图 3-3-2（2/3）

第3章 模拟公司会计业务（原始凭证部分）

5102798562

云南省增值税专用发票

No 75643788

开票日期：2020年12月6日

购货单位	名　　称：东方啤酒公司	密码区	254312-3-578<1+51*54*
	纳税人识别号：677856432198769		163312><8182*69*08814
	地　址、电话：丽都市永顺路88号 6885688		加密版本：09
	开户行及账号：建行丽都市支行 675843218977027		<4<2*1702-8> 8*+<142< /0 4700030030
			* 6/5*>> 2-3*0/8>> 15643781

货物或应税名称	规格型号	单位	数量	单价	金额	税率	税额
交易费用		笔	1	50.00	50.00	6%	3.00
合　计					¥50.00		¥3.00
价税合计（大写）	伍拾叁元整			（小写）¥53.00			

销货单位	名　　称：新发证券有限责任公司	备注	
	纳税人识别号：667852621345618		
	地　址、电话：丽都市玉泉路78号 657820		
	开户行及账号：工行玉泉路支行 5840005865432775		

收款人：钟晓耕　　复核：刘桂　　开票人：王月　　销货单位：（章）

第三联：发票联　购货方记账凭证

图 3-3-1（3/3）

新发证券丽都营业部卖出交割凭证

成交日期	2020.12.6	证券名称	666166 红星股票
资金账号	675840051679213	成交数量	3000
股东代码	17816	成交净价	36.00
股东姓名	东方啤酒公司	成交金额	108 000.00
席位代码	66036	交易费用	400.00
申请编号	64816	增值税	24.00
申报时间	14:42:46	过户费	0.00
成交时间	14:46:50	附加费	0.00
单位利息		结算价格	107 576.00
成交编号	52156	实收金额	107 576.00
上次资金	300 000.00	本次资金	107 576.00
上次余股	10 000	本次余股	7000
委托来源		打印日期	2020.12.6

图 3-3-2（1/3）

第 3 章 模拟公司会计业务（原始凭证部分）

5102798562

云南省增值税专用发票　　　　　No 75643789

抵扣联　　　　　开票日期：2020年12月6日

购货单位	名　　称：东方啤酒公司
	纳税人识别号：677856432198769
	地址、电话：丽都市永顺路88号 6885688
	开户行及账号：建行丽都市支行 675843218977027

密码区：
254312-3-578<1+51*54*
163312><8182*69*08814
加密版本:09
<4<2*1702-8> 8*+<142< /0 4700030030
* 6/5*> > 2-3*0/8> >　15643781

第二联　抵扣联　购货方扣税凭证

货物或应税名称	规格型号	单位	数量	单价	金额	税率	税额
交易费用					400.00	6%	24.00
合　计					¥400.00		¥24.00
价税合计(大写)	肆佰贰拾肆元整			(小写)¥424.00			

销货单位	名　　称：新发证券有限责任公司
	纳税人识别号：667852621345618
	地址、电话：丽都市玉泉路78号 657820
	开户行及账号：工行玉泉路支行 5840005865432775

备注：（新发证券有限责任公司 发票专用章）

收款人：钟晓耕　　复核：刘桂　　开票人：王月　　销货单位：(章)

图 3-3-2($\frac{2}{3}$)

5102798562

云南省增值税专用发票　　　　　No 75643789

发票联　　　　　开票日期：2020年12月6日

购货单位	名　　称：东方啤酒公司
	纳税人识别号：677856432198769
	地址、电话：丽都市永顺路88号 6885688
	开户行及账号：建行丽都市支行 675843218977027

密码区：
254312-3-578<1+51*54*
163312><8182*69*08814
加密版本:09
<4<2*1702-8> 8*+<142< /0 4700030030
* 6/5*> > 2-3*0/8> >　15643781

第三联：发票联　购货方记账凭证

货物或应税名称	规格型号	单位	数量	单价	金额	税率	税额
交易费用					400.00	6%	24.00
合　计					¥400.00		¥24.00
价税合计(大写)	肆佰贰拾肆元整			(小写)¥424.00			

销货单位	名　　称：新发证券有限责任公司
	纳税人识别号：667852621345618
	地址、电话：丽都市玉泉路78号 657820
	开户行及账号：工行玉泉路支行 5840005865432775

备注：（新发证券有限责任公司 发票专用章）

收款人：钟晓耕　　复核：刘桂　　开票人：王月　　销货单位：(章)

图 3-3-2($\frac{3}{3}$)

第3章 模拟公司会计业务（原始凭证部分）

新发证券丽都营业部利息清单

成交日期	2020.07.06	证券名称	58867森林债券
成交时间	10：25：36	发行时间	2020.01.01
资金账号	675840051679213	利息起讫时间	2020.01.01—2020.06.30
股东代码	17816	成交数量	2 000
股东姓名	东方啤酒公司	面值	200 000.00
席位代码	66036	票面利息	7%
成交编号	37568	利息	7 000.00
委托来源		打印日期	2020.12.6

图 3-3-3（1/2）

中国建设银行 进账单（收账通知）3

2020年12月6日　　　　　　　第　号

出票人	全称	森林股份有限公司	收款人	全称	东方啤酒公司
	账号	675843213546798		账号	675843218977027
	开户银行	建行丽都市支行		开户银行	建行丽都市支行

金额　人民币（大写）柒仟元整　　￥ 7 0 0 0 0 0（亿千百十万千百十元角分）

票据种类	转账支票	票据张数	1
票据号码	6354766		

中国建设银行云南省分行 丽都支行 转讫
收款人开户银行盖章 2020年12月6日

单位主管　　会计　　复核　　记账

此联是收款人的开户银行交给收款人的收账通知

图 3-3-3（2/2）

交易性金融资产（债券）应收利息计算表

2020 年 12 月 7 月

交易性金融资产	数 量	面 值	利 率	利息起讫时间	利 息
森林债券	900	90 000	7%		

图 3-3-4（1/1）

新发证券丽都营业部卖出交割凭证

成交日期	2020.12.7	证券名称	58867 森林债券
资金账号	675840051679213	成交数量	900
股东代码	17816	面值	90 000.00
股东姓名	东方啤酒公司	成交金额	103 000.00
席位代码	66036	交易费用	300.00
申请编号	67894	增值税	18.00
申报时间	14:25:26	过户费	0.00
成交时间	14:30:15	附加费	0.00
单位利息		结算价格	102 682.00
成交编号	87561	实收金额	102 682.00
上次资金	215 000.00	本次资金	102 682.00
上次数量	2 000	本次数量	900
委托来源		打印日期	2020.12.7

图 3-3-5（1/4）

云南省增值税专用发票

5102798562　　　　　抵扣联　　　　　No 75643799

开票日期：2020年12月7日

购货单位	名 称：东方啤酒公司	密码区	254312-3-578<1+51*54* 163312><8182*69*08814 加密版本:09 <4<2*1702-8> 8*+<142< /0 4700030030 * 6/5*> > 2-3*0/8> >　15643781
	纳税人识别号:677856432198769		
	地址、电话:丽都市永顺路 88 号 6885688		
	开户行及账号:建行丽都市支行 6758432189 77027		

货物或应税名称	规格型号	单位	数量	单价	金额	税率	税额
交易费用					300.00	6%	18.00
合　计					¥300.00		¥18.00

价税合计（大写）	参佰壹拾捌元整	（小写）¥318.00

销货单位	名 称：新发证券有限责任公司	备注
	纳税人识别号:667852621345618	
	地址、电话:丽都市玉泉路 78 号 657820	
	开户行及账号:工行玉泉路支行 5840005865432775	

收款人：钟晓耕　　复核：刘桂　　开票人：王月　　销货单位：（章）

图 3-3-5（2/4）

5102798562		云南省增值税专用发票				No 75643799		
		发票联				开票日期：2020年12月7日		

购货单位	名　　　称：东方啤酒公司	密码区	254312-3-578<1+51*54*
	纳税人识别号:677856432198769		163312><8182*69*08814
	地　址、电　话:丽都市永顺路88号 6885688		加密版本:09
	开户行及账号:建行丽都市支行 675843218977027		<4<2*1702-8> 8*+<142< /0 4700030030
			* 6/5*> > 2-3*0/8> >　15643781

货物或应税名称	规格型号	单位	数量	单价	金额	税率	税额
交易费用					300.00	6%	18.00
合　　计					¥300.00		¥18.00
价税合计（大写）	参佰壹拾捌元整			（小写）¥318.00			

销货单位	名　　　称：新发证券有限责任公司	备注	
	纳税人识别号:667852621345618		
	地　址、电　话:丽都市玉泉路78号 657820		
	开户行及账号:工行玉泉路支行 5840005865432775		

收款人：钟晓耕　　复核：刘桂　　开票人：王月　　销货单位：（章）

第三联：发票联　购货方记账凭证

图 3-3-5（3/4）

交易性金融资产投资损益计算单

2020 年 12 月 7 月

交易性金融资产	售价	账面余额		应收股利/实收利息	投资损益
		成本	公允价值变动		
森林债券					

图 3-3-5（4/4）

实训四 存 货

收 料 单

材料科目：原材料
材料类别：主要材料　　　　　　　　　　　　　　　　　　　　　　　　5346001
供应单位：利丰公司
发票号码：22254678　　　　　　2020年12月7日　　　　　　收料仓库：材料仓库

材料名称	计量单位	数量 应收	数量 实收	实际成本 买价 单价	实际成本 买价 金额	运杂费	合计	单位成本
澳麦	吨	120	120	4 200.00	504 000.00	12 000.00	516 000.00	4 300.00
合计					504 000.00	12 000.00	516 000.00	
备注								

第三联 记账联

记账：段自立　　　　　收料：陈涛　　　　　制单：杨志亮

图 3-4-1（1/1）

商品购销合同

合同号：2020-158
甲方(购货方)：丽都市东方啤酒公司
乙方(销货方)：云南庆谊公司
本着平等互利的原则，经双方协商，共同订立如下合同：
一、双方必须有合法的营业执照，乙方所供商品必须有合法商标，根据不同商品分别提供生产、经营许可证、注册商标证、产品合格证、进口商品检验证等。
二、甲方向乙方订购以下商品：

序号	商品名称	规格型号	计量单位	数量	单价	金额
	大米		吨	100	3 100.00	310 000.00
	合计					310 000.00

三、到货时间：乙方在10日内发货，货物委托运输公司运输，费用由购货方承担。
四、货款结算：验货后25日内付款。
五、合同一式 贰 份，双方盖章后生效。如违约须赔偿对方损失，按价款 30% 赔款，不可抗力除外。本合同在履行过程中，若发生纠纷或异议，双方协调解决。

甲方：丽都市东方啤酒公司　　　　　　乙方：云南庆谊公司
法人代表：王高平　　　　　　　　　　法人代表：夏梅
账号：建行丽都市支行675843218977027　账号：工行正怀路支行584000586543213
电话：6885688　　　　　　　　　　　 电话：6578321
地址：丽都市永顺路88号　　　　　　　地址：江城市正怀路78号
签约日期：2020年12月5日　　　　　　 签约日期：2020年12月5日

注：此凭证不作为记账依据

图 3-4-2（1/6）

6013985821	云南省增值税专用发票 抵扣联	No 35332216 开票日期：2020年12月8日
购货单位	名　　称：东方啤酒公司 纳税人识别号：677856432198769 地址、电话：丽都市永顺路88号　6885688 开户行及账号：建行丽都市支行675843218977027	密码区	154312-3-578<1+45*54* 163312><8182*69*08814 加密版本：02 <4<2*1702-8> 8*+<142< /0 4700030030 * 6/5*> > 2-3*0/8>>　25643787

货物或应税劳务、服务名称	规格型号	单位	数量	单价	金额	税率	税额
大米		吨	100	3 100.00	310 000.00	13%	40 300.00
合　计					￥310 000.00		￥40 300.00
价税合计（大写）	叁拾伍万零叁佰元整				（小写）￥350 300.00		

| 销货单位 | 名　　称：云南庆谊公司
纳税人识别号：667852621345658
地址、电话：江城市正怀路78号　6578321
开户行及账号：工行正怀路支行584000586543213 | 备注 | |

收款人：钟晓耕　　复核：刘桂　　开票人：王月　　销货单位：（章）

图 3-4-2（2/6）

6013985821	云南省增值税专用发票 发票联	No 35332216 开票日期：2020年12月8日
购货单位	名　　称：东方啤酒公司 纳税人识别号：677856432198769 地址、电话：丽都市永顺路88号　6885688 开户行及账号：建行丽都市支行675843218977027	密码区	154312-3-578<1+45*54* 163312><8182*69*08814 加密版本：02 <4<2*1702-8> 8*+<142< /0 4700030030 * 6/5*> > 2-3*0/8>>　25643787

货物或应税劳务、服务名称	规格型号	单位	数量	单价	金额	税率	税额
大米		吨	100	3 100.00	310 000.00	13%	40 300.00
合　计					￥310 000.00		￥40 300.00
价税合计（大写）	叁拾伍万零叁佰元整				（小写）￥350 300.00		

| 销货单位 | 名　　称：云南庆谊公司
纳税人识别号：667852621345658
地址、电话：江城市正怀路78号　6578321
开户行及账号：工行正怀路支行584000586543213 | 备注 | |

收款人：钟晓耕　　复核：刘桂　　开票人：王月　　销货单位：（章）

图 3-4-2（3/6）

第3章 模拟公司会计业务（原始凭证部分）

3019754221

云南省增值税专用发票
抵扣联

No 56437862
开票日期：2020年12月8日

购货单位	名　　　称：东方啤酒公司
	纳税人识别号：677856432198769
	地址、电话：丽都市永顺路88号 6885688
	开户行及账号：建行丽都市支行 675843218977027

密码区：
364312-3-578<1+45*54*
163312><8182*69*08814
<4<2*1702-8> 8*+<142< /0 751022055
* 6/5*> > 2-3*0/8> > 16437441

第二联 抵扣联 购货方扣税凭证

货物或应税劳务、服务名称	规格型号	单位	数量	单价	金额	税率	税额
运费					10 000.00	9%	900.00
合　计					￥10 000.00		￥900.00

价税合计（大写）　壹万零玖佰元整　　　（小写）￥10 900.00

销货单位	名　　　称：江城市运输公司
	纳税人识别号：677803214569876
	地址、电话：江城市兴胜路96号 6584721
	开户行及账号：建行兴胜路支行 654000533263117

备注：（江城市运输公司 发票专用章）

收款人：江红　　复核：王景平　　开票人：姚云　　销货单位：（章）

图 3-4-2（4/6）

3019754221

云南省增值税专用发票
发票联

No 56437862
开票日期：2020年12月8日

购货单位	名　　　称：东方啤酒公司
	纳税人识别号：677856432198769
	地址、电话：丽都市永顺路88号 6885688
	开户行及账号：建行丽都市支行 675843218977027

密码区：
364312-3-578<1+45*54*
163312><8182*69*08814
<4<2*1702-8> 8*+<142< /0 751022055
* 6/5*> > 2-3*0/8> > 16437441

第三联 发票联 购货方记账凭证

货物或应税劳务、服务名称	规格型号	单位	数量	单价	金额	税率	税额
运费					10 000.00	9%	900.00
合　计					￥10 000.00		￥900.00

价税合计（大写）　壹万零玖佰元整　　　（小写）￥10 900.00

销货单位	名　　　称：江城市运输公司
	纳税人识别号：677803214569876
	地址、电话：江城市兴胜路96号 6584721
	开户行及账号：建行兴胜路支行 654000533263117

备注：（江城市运输公司 发票专用章）

收款人：江红　　复核：王景平　　开票人：姚云　　销货单位：（章）

图 3-4-2（5/6）

收 料 单

材料科目：原材料
材料类别：主要材料   5346002
供应单位：庆谊公司
发票号码：35332216   2020年12月8日   收料仓库：材料仓库

材料名称	计量单位	数量 应收	数量 实收	实际成本 买价 单价	实际成本 买价 金额	实际成本 运杂费	实际成本 合计	单位成本
大米	吨	100	100	3 100.00	310 000.00	10 000.00	320 000.00	3 200.00
合计					310 000.00	10 000.00	320 000.00	
备注								

第三联 记账联

记账：段自立   收料：陈 涛   制单：杨志亮

图 3-4-2（$\frac{6}{6}$）

商品购销合同

合同号：2020-159

甲方(购货方)：丽都市东方啤酒公司

乙方(销货方)：金星工厂

本着平等互利的原则,经双方协商,共同订立如下合同：

一、双方必须有合法的营业执照,乙方所供商品必须有合法商标,根据不同商品分别提供生产、经营许可证、注册商标证、产品合格证、进口商品检验证等。

二、甲方向乙方订购以下商品：

序号	商品名称	规格型号	计量单位	数量	单价	金额
	甘肃麦		吨	100	3 650.00	365 000.00
	曲靖麦		吨	150	3 450.00	517 500.00
	合计					882 500.00

三、到货时间：乙方在10日内发货,货物委托运输公司运输,费用由购货方承担。

四、货款结算：托收承付

五、合同一式 贰 份,双方盖章后生效。如违约须赔偿对方损失,按价款 30% 赔款,不可抗力除外。本合同在履行过程中,若发生纠纷或异议,双方协调解决。

甲方：丽都市东方啤酒公司   乙方：金星工厂

法人代表：王高平   法人代表：杨 连
建行丽都市支行675843218977027   账号：工行兰城路支行584000695231535
电话：6885688   电话：6635576
地址：丽都市永顺路88号   地址：昆明市兰城路52号
签约日期：2020年12月6日   签约日期：2020年12月6日

注：此凭证不作为记账依据   图 3-4-3（$\frac{1}{7}$）

第 3 章 模拟公司会计业务（原始凭证部分）

5201898535

云南省增值税专用发票
抵扣联

No 38643654
开票日期：2020年12月6日

购货单位	名　　称：	东方啤酒公司
	纳税人识别号：	677856432198769
	地　址、电　话：	丽都市永顺路88号　6885688
	开户行及账号：	建行丽都市支行　675843218977027

密码区：
154312-3-578<1+45*54*
163312><8182*69*08814
加密版本：02
<4<2*1702-8> 8*+<142< /0 4700030030
* 6/5*> > 2-3*0/8> >　38643654

货物或应税劳务、服务名称	规格型号	单位	数量	单价	金额	税率	税额
甘肃麦		吨	100	3 650.00	365 000.00	13%	47 450.00
曲靖麦		吨	150	3 450.00	517 500.00	13%	67 275.00
合　　计					￥882 500.00		￥114 725.00
价税合计（大写）	玖拾玖万柒仟贰佰贰拾伍元整				（小写）￥997 225.00		

销货单位	名　　称：	金星工厂
	纳税人识别号：	657852432562123
	地　址、电　话：	昆明市兰城路52号　6635576
	开户行及账号：	工行兰城支行　584000695231535

备注

收款人：李顺　　复核：寸晓平　　开票人：李顺　　销货单位（章）

第二联　抵扣联　购货方扣税凭证

图 3-4-3（2/7）

5201898535

云南省增值税专用发票
发票联

No 38643654
开票日期：2020年12月6日

购货单位	名　　称：	东方啤酒公司
	纳税人识别号：	677856432198769
	地　址、电　话：	丽都市永顺路88号　6885688
	开户行及账号：	建行丽都市支行　675843218977027

密码区：
154312-3-578<1+45*54*
163312><8182*69*08814
加密版本：02
<4<2*1702-8> 8*+<142< /0 4700030030
* 6/5*> > 2-3*0/8> >　38643654

货物或应税劳务、服务名称	规格型号	单位	数量	单价	金额	税率	税额
甘肃麦		吨	100	3 650.00	365 000.00	13%	47 450.00
曲靖麦		吨	150	3 450.00	517 500.00	13%	67 275.00
合　　计					￥882 500.00		￥114 725.00
价税合计（大写）	玖拾玖万柒仟贰佰贰拾伍元整				（小写）￥997 225.00		

销货单位	名　　称：	金星工厂
	纳税人识别号：	657852432562123
	地　址、电　话：	昆明市兰城路52号　6635576
	开户行及账号：	工行兰城支行　584000695231535

备注

收款人：李顺　　复核：寸晓平　　开票人：李顺　　销货单位（章）

第三联　发票联　购货方记账凭证

图 3-4-3（3/7）

第3章 模拟公司会计业务（原始凭证部分）

托 收 凭 证（付款通知） 5

委托日期：2020年12月6日　　付款期限 2020年12月08日

业务类型	委托收款(□邮划 □电划)		托收承付(□邮划 ☑电划)		
付款人	全　称	东方啤酒公司	全　称	金星工厂	
	账　号	675843218977027	账　号	584000695231535	
	地　址	云南省 丽都市县	开户行 建行丽都支行	地　址 云南省 昆明市县	开户行 工行兰城路支行
金额	壹佰零贰万玖仟玖佰贰拾伍元整		亿 千 百 十 万 千 百 十 元 角 分 ¥　　　　1 0 2 9 9 2 5 0 0		
款项内容	购货款	托收凭据名　称	托收承付	附寄单证张数	3张
商品发运情况		已发运	合同名称号码	2020-159	

备注：
付款人开户银行收到日期
　　　2020 年 12 月 8 日
复核　　　　记账

付款人开户银行签章
2020 年 12 月 8 日

付款人注意：
1. 根据支付结算办法，上列委托收款(托收承付) 款项在付款期限未提出拒付，即视为同意付款，以此代付款通知。
2. 如需提出全部或部分拒付，应在规定期限内，将拒付理由书并附债务证明退交开户银行。

（此联是付款人开户银行给付款人按期付款通知）

（中国建设银行云南省分行 丽都支行 转讫）

图 3-4-3($\frac{4}{7}$)

3221898533　　　　　**云南省增值税专用发票**　　　　No 85643618
　　　　　　　　　　　　　抵扣联　　　　　　　　　　开票日期：2020年12月6日

购货单位	名　　称： 东方啤酒公司	码区	13489312-3-578<1+45*54* 163312><8182*69*08814 <4<2*1702-8> 8*+<142< /0 57012300458 * 6/5*>> 2-3*0/8> > 223578
	纳税人识别号： 677856432198769		
	地址、电话：丽都市永顺路 88 号 6885688		
	开户行及账号：建行丽都市支行 675843218977027		

货物或应税劳务、服务名称	规格型号	单位	数量	单价	金额	税率	税额
运费					30 000.00	9%	2 700.00
合　计					¥30 000.00		¥2 700.00
价税合计（大写）	叁万贰仟柒佰元整				（小写）¥32 700.00		

销货单位	名　　称： 昆明市大通运输公司	备注	（昆明市大通运输公司 发票专用章）
	纳税人识别号： 677833355621153		
	地址、电话：昆明市东山路 125 号 5778777		
	开户行及账号：建行东山路支行 24874000586543213		

收款人：江 明　　复核：刘明全　　开票人：张正铁　　销货单位：（章）

图 3-4-3($\frac{5}{7}$)

3221898533		云南省增值税专用发票				No 85643618			
		发票联				开票日期：2020年12月6日			

购货单位	名　　　称： 东方啤酒公司 纳税人识别号： 677856432198769 地　址、电　话： 丽都市永顺路88号 6885688 开户行及账号： 建行丽都市支行 675843218977027	密码区	13489312-3-578<1+45*54* 163312><8182*69*08814 <4<2*1702-8> 8*+<142< /0 57012300458 * 6/5*> > 2-3*0/8> > 223578

货物或应税劳务、服务名称	规格型号	单位	数量	单价	金额	税率	税额
运费					30 000.00	9%	2 700.00
合　计					￥30 000.00		￥2 700.00
价税合计(大写)	叁万贰仟柒佰元整				(小写) ￥32 700.00		

销货单位	名　　　称： 昆明市大通运输公司 纳税人识别号： 677833355621153 地　址、电　话： 昆明市东山路125号 5778777 开户行及账号： 建行东山路支行 24874000586543213	备注	

收款人：江　明　　复核：刘明全　　开票人：张正铁　　销货单位：（章）

图 3-4-3($\frac{6}{7}$)

材　料　采　购　成　本　计　算　表

表 3-4-1　　　　　　　　2020 年 12 月 8 日　　　　　　　　　　　　单位：元

材料名称	采　购　成　本					合计
	买价	采购费用				
		运杂费	材料重量(吨)	分配率	其他	
甘肃麦						
曲靖麦						
合　计						
备注	运杂费按重量比例分摊					

图 3-4-3($\frac{7}{7}$)

收 料 单

材料科目：原材料
材料类别：主要材料　　　　　　　　　　　　　　　　　　　　　　　　　5346003
供应单位：金星公司
发票号码：38643654　　　　　2020年12月9日　　　　　　　收料仓库：材料仓库

材料名称	计量单位	数量 应收	数量 实收	实际成本 买价 单价	实际成本 买价 金额	运杂费	合计	单位成本
甘肃麦	吨	100	100	3650	365 000.00	12 000.00	377 000.00	3770.00
曲靖麦	吨	150	150	3450	517 500.00	18 000.00	535 500.00	3570.00
合计					882 500.00	30 000.00	912 500.00	
备注								

记账：段自立　　　收料：陈 涛　　　　　　　　　　制单：杨志亮

第三联 记账联

图 3-4-4($\frac{1}{1}$)

领 料 单

材料科目：原材料
领料车间(部门)：酿造车间　　　　　　　　　　　　　材料类别：主要材料
用途：生产产品　　　　　　2020年12月10日　　　　　编号：08401

材料编号	材料名称	规格	计量单位	数量 请领	数量 实发	实际成本 单位成本	实际成本 金额
	澳麦		吨	200	180		
	甘肃麦		吨	210	200		
	曲靖麦		吨	180	160		
	大米		吨	160	150		
备注	高端瓶装啤酒领用澳麦 60 吨，甘肃麦 70 吨，曲靖麦 50 吨，大米 50 吨 低端瓶装啤酒领用澳麦 70 吨，甘肃麦 80 吨，曲靖麦 60 吨，大米 50 吨 罐装啤酒领用澳麦 50 吨，甘肃麦 50 吨，曲靖麦 50 吨，大米 50 吨						

第三联 记账联

记账：段自立　　　发料：付 华　　　领料部门：酿造车间　　　领料人：周 平

图 3-4-5($\frac{1}{2}$)

领 料 单

材料科目：原材料
领料车间(部门)：酿造车间 　　　　　　　　　　　　　　　　材料类别：辅助材料
用途：生产产品　　　　　　　2020年12月10日　　　　　　　　编号：08402

材料编号	材料名称	规格	计量单位	数量 请领	数量 实发	实际成本 单位成本	实际成本 金额
	酒花		吨	1	1	70 000.00	70 000.00
备注	高端瓶装啤酒领用　酒花 0.3 吨 低端瓶装啤酒领用　酒花 0.4 吨 罐装啤酒领用　　　酒花 0.3 吨							

记账：段自立　　　发料：付华　　　领料部门：酿造车间　　　领料人：周平

第三联 记账联

图 3-4-5($\frac{2}{2}$)

领 料 单

材料科目：周转材料
领料车间(部门)：包装车间　　　　　　　　　　　　　　　　材料类别：包装物
用途：生产产品　　　　　　　2020年12月10日　　　　　　　　编号：08403

材料编号	材料名称	规格	计量单位	数量 请领	数量 实发	实际成本 单位成本	实际成本 金额
	啤酒罐		个	195 100	192 100		
	旧高端啤酒瓶		个	148 100	148 100		
	新高端啤酒瓶		个	128 000	128 000		
	旧低端啤酒瓶		个	419 100	419 100		
	新低端啤酒瓶		个	349 000	349 000		
	包装箱		个	96 300	95 300		
	商标标签		个	1 246 300	1 236 300		
备注	其中，生产罐装啤酒领用包装箱8 100个；商标标签192 100个。 　　　生产高端啤酒瓶领用包装箱23 100个；商标标签276 100个。 　　　生产低端啤酒瓶领用包装箱64 100个。商标标签768 100个。							

记账：段自立　　　发料：付华　　　领料部门：包装车间　　　领料人：陈红英

第三联 记账联

图 3-4-6($\frac{1}{1}$)

收 料 单

材料科目：周转材料
材料类别：包装物　　　　　　　　　　　　　　　　　　　　　　　　5346004
供应单位：光华公司
发票号码：　　　　　　　2020年12月10日　　　　　　收料仓库：材料仓库

材料名称	计量单位	数量 应收	数量 实收	实际成本 买价 单价	实际成本 买价 金额	运杂费	合计	单位成本
啤酒罐	个		30 000					
合计								
备注								

第三联　记账联

记账：段自立　　　　　收料：陈 涛　　　　　　　　制单：杨志亮

图 3-4-7($\frac{1}{1}$)

周 转 材 料 报 废 单

2020年12月10日

名称	规格型号	单位	数量	已使用时间	单价	原值	已摊销	备注
塑料周转箱		个	20	6个月	36	720.00	720.00	

使用部门:包装车间				
报废原因	正常报废			
处理意见	使用部门	技术鉴定小组	管理部门	主管部门审批
	同意报废 王伟力	同意报废 刘 丽	同意报废 陈红英	同意报废 刘立强

图 3-4-8($\frac{1}{2}$)

领 料 单

材料科目：周转材料
领料车间(部门)：包装车间　　　　　　　　　　　　　　　　　　材料类别：塑料周转箱
用途：车间周转用　　　　2020年12月10日　　　　　　　　　　　编号：08404

材料编号	材料名称	规格	计量单位	数量 请领	数量 实发	实际成本 单位成本	实际成本 金额
	塑料周转箱		个	20	20	36.00	720.00
备注	车间周转使用，其成本采用一次摊销法						

记账：**段自立**　　　发料：**付 华**　　　领料部门：包装车间　　　领料人：**陈红英**

第三联 记账联

图 3-4-8($\frac{2}{2}$)

实 存 账 存 对 比 表

单位名称：东方啤酒公司　　　　2020年12月11日

序号	名称	规格	计量单位	单价	实存 数量	实存 金额	账存 数量	账存 金额	盘盈 数量	盘盈 金额	盘亏 数量	盘亏 金额	原因	处理意见
	曲靖麦		吨	3 500	189.6		190				0.4			

盘点人签章：**王伟力**　**杨志亮**　　　　　　　　　　会计签章：**李 松**

图 3-4-9($\frac{1}{1}$)

领 料 单

材料科目：周转材料
领料车间(部门)：酿造车间　　　　　　　　　　　　　　　　　　材料类别：低值易耗品
用途：设备维护　　　　2020年12月11日　　　　　　　　　　　编号：08405

材料编号	材料名称	规格	计量单位	数量 请领	数量 实发	实际成本 单位成本	实际成本 金额
	润滑油		千克	5	5		
备注							

记账：**段自立**　　　发料：**付 华**　　　领料部门：酿造车间　　　领料人：**周 平**

第三联 记账联

图 3-4-10($\frac{1}{2}$)

领 料 单

材料科目：周转材料
领料车间(部门)：包装车间
用途：设备维护　　　　　　2020年12月11日　　　　　材料类别：低值易耗品　　编号：08406

材料编号	材料名称	规格	计量单位	数量 请领	数量 实发	实际成本 单位成本	实际成本 金额
	润滑油		千克	6	6		
备注							

第三联 记账联

记账：**段自立**　　　发料：**付　华**　　　领料部门：包装车间　　　领料人：**陈红英**

图 3-4-10($\frac{2}{2}$)

产 成 品 入 库 单

1052115

交库单位：包装车间　　　　　2020年12月11日　　　　　仓库：产成品库

产品名称	规　格	计量单位	交库数量	备　注
高端瓶装啤酒		件	23 000	
低端瓶装啤酒		件	64 000	
罐装啤酒		件	8 000	
合　　　　计				

第三联 记账联

车间负责人：**陈红英**　　　仓库管理员：**王伟力**　　　制单：**李　森**

图 3-4-11($\frac{1}{1}$)

领 料 单

材料科目：周转材料
领料车间(部门)：酿造车间
用途：一般耗用　　　　　　2020年12月15日　　　　　材料类别：低值易耗品　　编号：08407

材料编号	材料名称	规格	计量单位	数量 请领	数量 实发	实际成本 单位成本	实际成本 金额
	工作服(含手套)		套	60	60		
备注							

第三联 记账联

记账：**段自立**　　　发料：**付　华**　　　领料部门：酿造车间　　　领料人：**周　平**

图 3-4-12($\frac{1}{2}$)

领 料 单

材料科目：周转材料 材料类别：低值易耗品
领料车间(部门)：包装车间
用途：一般耗用　　2020年12月15日　　编号：08408

材料编号	材料名称	规格	计量单位	数量 请领	数量 实发	实际成本 单位成本	实际成本 金额
	工作服(含手套)		套	70	70		
备注							

记账：段自立　　发料：付 华　　领料部门：包装车间　　领料人：陈红英

图 3-4-12($\frac{2}{2}$)

第三联 记账联

委托加工物资发料单

材料科目：周转材料 材料类别：包装物
领料车间(部门)：营销部
用途：委托加工　　2020年12月16日　　编号：0001

材料编号	材料名称	规格	计量单位	数量 请领	数量 实发	实际成本 单位成本	实际成本 金额
	包装箱		个	3 000	3 000		
备 注	委托顺发广告公司设计外包装						

记账：段自立　　发料：付 华　　领料部门：包装车间　　领料人：董立飞

图 3-4-13($\frac{1}{2}$)

第三联 记账联

设计合同

甲方：东方啤酒公司
乙方：顺发广告设计公司
依据《中华人民共和国合同法》和有关法规的规定，乙方接受甲方的委托，就委托设计等事项，双方经协商一致，签订本合同，信守执行。
一、合同内容和要求
1. 包装箱设计
2. 制作特殊包装箱
二、委托设计费用
设计费用总计为：人民币2 500元，(大写：贰仟伍佰元整)
三、付款方式
甲方需在委托加工物资验收入库后一次性支付设计费用2 500元(大写：贰仟伍佰元整)。
四、设计作品的时间及交付方式
1. 乙方需在双方约定时间内完成设计方案。因甲方反复提出修改意见导致乙方工作不能按时完成时，可延期执行，延期时间由双方协商确定。
2. 乙方以彩色打印稿和光盘电子稿的方式交付设计的作品。
五、知识产权约定
1. 甲方在未付清所有委托设计费用之前，乙方设计的作品著作权归乙方，甲方对该作品不享有任何权利。
2. 甲方将委托设计的所有费用结算完毕后，甲方拥有作品的所有权、使用权和修改权。
六、双方的权利义务
甲方权利：
1. 甲方有权对乙方的设计提出建议和思路，以使乙方设计的作品更符合甲方企业文化内涵；
2. 甲方有权对乙方所设计的作品提出修改意见；
3. 甲方在付清所有设计费用后享有设计作品的所有权、使用权和修改权。
甲方义务：
1. 甲方有义务按照合同约定支付相关费用；
2. 甲方有义务提供有关企业资料或其他有关资料给乙方。
乙方权利：
1. 乙方有权要求甲方提供有关企业资料供乙方设计参考；
2. 乙方有权要求甲方按照合同约定支付相应款项；
3. 乙方对设计的作品享有著作权，有权要求甲方在未付清款项之前不得使用该设计作品。
乙方义务：
1. 乙方需按照甲方的要求进行作品设计；
2. 乙方需按照合同约定按时交付设计作品。
七、违约责任
1. 甲方在设计作品初稿完成前终止合同，其预付的费用无权要求退回；甲方在乙方作品初稿完成后终止合同的，应当支付全额的设计费用。
2. 乙方如无正当理由提前终止合同，所收取的费用应当全部退回给甲方。
八、合同生效
本合同一式两份，甲乙双方各持对方签字合同一份，具有同等法律效力。本合同自签字盖章之日起生效。
备注：
甲方：东方啤酒公司　　　　　　　乙方：顺发广告设计公司
甲方代表签名：王高平　　　　　　乙方代表签名：林祥
账号：建行丽都市支行　675843218977027　　账号：建行丽都市南路支行　675843215789223
电话：6885688　　　　　　　　　　电话：65789632
地址：丽都市永顺路88号　　　　　地址：丽都市永顺路75号
签约日期：2020年12月14日　　　　签约日期：2020年12月14日

注：此凭证不作为记账依据

图 3-4-13 ($\frac{2}{2}$)

第 3 章 模拟公司会计业务（原始凭证部分）

2320725228　　　　　　　　云南省增值税专用发票　　　　　　No 04431856

抵扣联

开票日期：2020年12月17日

购货单位	名　　称：东方啤酒公司	密码区	254312-3-578<1+45*54* 163312><6001*69*08814 加密版本：02 <4<2*1702-8> 8*+<142< /0 124587.3651 * 6/5*> > 2-3*0/8> >　76437871
	纳税人识别号：677856432198769		
	地址、电话：丽都市永顺路88号 6885688		
	开户行及账号：建行丽都市支行 675843218977027		

货物或应税劳务、服务名称	规格型号	单位	数量	单价	金额	税率	税额
喜乐牌商标标签		个	970 000	0.05	48 500.00	13%	6 305.00
合　计					¥48 500.00		¥6 305.00
价税合计（大写）	伍万肆仟捌佰零伍元整				（小写）¥54 805.00		

销货单位	名　　称：顺发广告设计公司	备注	（顺发广告设计公司 发票专用章）
	纳税人识别号：677856432188562		
	地址、电话：丽都市北路57号 6225663		
	开户行及账号：建行北路支行 675843215556636		

收款人：王云生　　　复核：陈平丹　　　开票人：朱丽兰　　　销货单位：（章）

图 3-4-14（1/4）

2320725228　　　　　　　　云南省增值税专用发票　　　　　　No 04431856

发票联

开票日期：2020年12月17日

购货单位	名　　称：东方啤酒公司	密码区	254312-3-578<1+45*54* 163312><6001*69*08814 加密版本：02 <4<2*1702-8> 8*+<142< /0 124587.3651 * 6/5*> > 2-3*0/8> >　76437871
	纳税人识别号：677856432198769		
	地址、电话：丽都市永顺路88号 6885688		
	开户行及账号：建行丽都市支行 675843218977027		

货物或应税劳务、服务名称	规格型号	单位	数量	单价	金额	税率	税额
喜乐牌商标标签		个	970 000	0.05	48 500.00	13%	6 305.00
合　计					¥48 500.00		¥6 305.00
价税合计（大写）	伍万肆仟捌佰零伍元整				（小写）¥54 805.00		

销货单位	名　　称：顺发广告设计公司	备注	（顺发广告设计公司 发票专用章）
	纳税人识别号：677856432188562		
	地址、电话：丽都市北路57号 6225663		
	开户行及账号：建行北路支行 675843215556636		

收款人：王云生　　　复核：陈平丹　　　开票人：朱丽兰　　　销货单位：（章）

图 3-4-14（2/4）

收 料 单

材料科目： 周转材料
材料类别： 包装物　　　　　　　　　　　　　　　　　　　　　　　　5346005
供应单位： 顺发广告设计公司
发票号码： 04431856　　　　　2020年12月17日　　　　　　收料仓库：材料仓库

材料名称	计量单位	数量 应收	数量 实收	实际成本 买价 单价	实际成本 买价 金额	运杂费	合计	单位成本
商标标签	个	970 000	970 000	0.05	48 500.00		48 500.00	0.05
合计					48 500.00		48 500.00	
备注								

第三联　记账联

记账： 段自立　　　　　**收料：** 陈　涛　　　　　**制单：** 杨志亮

图 3-4-14($\frac{3}{4}$)

中国建设银行转账支票存根（滇）
$\frac{E}{0}\frac{X}{2}$ 03302542
附加信息 _____

出票日期 2020 年 12 月 17 日

收款人：	顺发广告设计公司
金　额：	54 805.00 元
用　途：	商标标签款
单位主管 张成栋　会计 李　松	

图 3-4-14($\frac{4}{4}$)

中国建设银行转账支票存根（滇）
$\frac{E}{0}\frac{X}{2}$ 03302545
附加信息 _____

出票日期 2020 年 12 月 18 日

收款人：	程宁废旧物资公司
金　额：	288 150.00 元
用　途：	购旧高、低端啤酒瓶
单位主管 张成栋　会计 李　松	

图 3-4-15($\frac{1}{4}$)

第3章 模拟公司会计业务（原始凭证部分）

7261898563　　　　　　　　　云南省增值税专用发票　　　　　　No 38643996
　　　　　　　　　　　　　　　　　抵扣联　　　　　　　　　　开票日期：2020年12月18日

购货单位	名　　称	东方啤酒公司			密码区	154312-3-578<1+45*54* 163312><8182*69*08814 　　　　　　　加密版本:02 <4<2*1702-8> 8*+<142< /0 4700030030 * 6/5*> > 2-3*0/8> >　38643996		
	纳税人识别号：677856432198769							
	地　址、电　话：丽都市永顺路88号 6885688							
	开户行及账号：建行丽都市支行 675843218977027							
货物或应税劳务、服务名称	规格型号	单位	数量	单价	金额	税率	税额
旧高端啤酒瓶		个	160 000	0.50	80 000.00	13%	10 400.00
旧低端啤酒瓶		个	350 000	0.50	175 000.00	13%	22 750.00
合　计					￥255 000.00		￥33 150.00
价税合计（大写）	贰拾捌万捌仟壹佰伍拾元整				（小写）￥288 150.00		
销货单位	名　　称：程宁废旧物资公司				备注		
	纳税人识别号：657852432563310						
	地　址、电　话：丽都市春城路25号 6638575						
	开户行及账号：工行兰城路支行 584000695250188						

收款人：李顺　　复核：寸晓平　　开票人：李顺　　销货单位：（章）

图 3-4-15（2/4）

7261898563　　　　　　　　　云南省增值税专用发票　　　　　　No 38643996
　　　　　　　　　　　　　　　　　发票联　　　　　　　　　　开票日期：2020年12月18日

购货单位	名　　称	东方啤酒公司			密码区	154312-3-578<1+45*54* 163312><8182*69*08814 　　　　　　　加密版本:02 <4<2*1702-8> 8*+<142< /0 4700030030 * 6/5*> > 2-3*0/8> >　38643996		
	纳税人识别号：677856432198769							
	地　址、电　话：丽都市永顺路88号 6885688							
	开户行及账号：建行丽都市支行 675843218977027							
货物或应税劳务、服务名称	规格型号	单位	数量	单价	金额	税率	税额
旧高端啤酒瓶		个	160 000	0.50	80 000.00	13%	10 400.00
旧低端啤酒瓶		个	350 000	0.50	175 000.00	13%	22 750.00
合　计					￥255 000.00		￥33 150.00
价税合计（大写）	贰拾捌万捌仟壹佰伍拾元整				（小写）￥288 150.00		
销货单位	名　　称：程宁废旧物资公司				备注		
	纳税人识别号：657852432563310						
	地　址、电　话：丽都市春城路25号 6638575						
	开户行及账号：工行兰城路支行 584000695250188						

收款人：李顺　　复核：寸晓平　　开票人：李顺　　销货单位：（章）

图 3-4-15（3/4）

收 料 单

材料科目：周转材料
材料类别：包装物　　　　　　　　　　　　　　　　　　　　　　　　5346006
供应单位：程宁废旧物资公司
发票号码：38643996　　　　　　2020年12月18日　　　　　收料仓库：材料仓库

材料名称	计量单位	数量 应收	数量 实收	实际成本 买价 单价	实际成本 买价 金额	运杂费	合计	单位成本
旧高端啤酒瓶	个	160 000	160 000	0.50	80 000.00		80 000.00	0.50
旧低端啤酒瓶	个	350 000	350 000	0.50	175 000.00		175 000.00	0.50
合计					255 000.00		255 000.00	
备注								

第三联 记账联

记账：**段自立**　　　　收料：**陈 涛**　　　　制单：**杨志亮**

图 3-4-15($\frac{4}{4}$)

商品购销合同

合同号：2020-162
甲方(购货方)：丽都市东方啤酒公司
乙方(销货方)：昌盛工厂
本着平等互利的原则，经双方协商，共同订立如下合同：
　一、双方必须有合法的营业执照，乙方所供商品必须有合法商标，根据不同商品分别提供生产、经营许可证、注册商标证、产品合格证、进口商品检验证等。
　二、甲方向乙方订购以下商品：

序号	商品名称	规格型号	计量单位	数量	单价	金　额
	高端啤酒瓶		个	100 000	0.90	90 000.00
	低端啤酒瓶		个	220 000	0.70	154 000.00
	啤酒罐		个	150 000	0.70	105 000.00
	合计					349 000.00

　三、到货时间：乙方在10日内发货，货物由甲方自行运输。
　四、货款结算：货到付款
　五、合同一式 贰 份，双方盖章后生效。如违约须赔偿对方损失，按价款 30% 赔款，不可抗力除外。
　本合同在履行过程中，若发生纠纷或异议，双方协调解决。
　甲方：丽都市东方啤酒公司　　　　　　　　乙方：昌盛工厂
　法人代表：**王高平**　　　　　　　　　　　法人代表：**杨 达**
　账号：建行丽都市6758432189770274　　　 账号：工行顺发路支行 584003245798215
　电话： 6885688　　　　　　　　　　　　 电话：6756328
　地址：丽都市永顺路88号　　　　　　　　　地址：丽都市顺发路45号
　签约日期：2020年12月18日　　　　　　　　签约日期：2020年12月18日

注：此凭证不作为记账依据

图 3-4-16($\frac{1}{5}$)

第3章 模拟公司会计业务（原始凭证部分）

```
中国建设银行
转账支票存根      （滇）
    E X
    0 2  03302546
附加信息 _____
         _____
         _____
         _____

出票日期 2020 年 12 月 19 日
收款人： 昌盛工厂
金　额： 394 370.00 元
用　途： 购新高、低端啤酒瓶、
         啤酒罐
单位主管 张成栋   会计 李 松
```

图 3-4-16（$\frac{2}{5}$）

3211898551　　　　　　　　　　　云南省增值税专用发票　　　　　　　　No 42353656

抵扣联

开票日期：2020年12月19日

购货单位	名　　　称：东方啤酒公司 纳税人识别号：677856432198769 地　址、电　话：丽都市永顺路 88 号 6885688 开户行及账号：建行丽都市支行 675843218977027	密码区	154312-3-578<1+45*54* 163312><8182*69*08814 　　　　　　　　　加密版本:02 <4<2*1702-8> 8*+<142< /0 4700030030 * 6/5*> > 2-3*0/8> >　　42353656

货物或应税劳务、服务名称	规格型号	单位	数量	单价	金额	税率	税额
高端啤酒瓶		个	100 000	0.9	90 000.00	13%	11 700.00
低端啤酒瓶		个	220 000	0.7	154 000.00	13%	20 020.00
啤酒罐		个	150 000	0.7	105 000.00	13%	13 650.00
合　计					￥349 000.00		￥45 370.00
价税合计（大写）	叁拾玖万肆仟叁佰柒拾元整				（小写）￥394 370.00		

销货单位	名　　　称：昌盛工厂 纳税人识别号：657852432879342 地　址、电　话：丽都市顺发路45号6756328 开户行及账号：工行顺发路支行 584003245798215	备注	

第二联 抵扣联 购货方扣税凭证

收款人： 李 发　　　复核： 李发顺　　　开票人： 李 发　　　销货单位(章)

图 3-4-16（$\frac{3}{5}$）

- 113 -

云南省增值税专用发票

3211898551　　　　　　　　　　　　　　　　　　　　　　　No 42353656
　　　　　　　　　　　　发票联　　　　　　　　　　　　开票日期：2020年12月19日

购货单位	名　称：东方啤酒公司 纳税人识别号：677856432198769 地　址、电　话：丽都市永顺路88号 6885688 开户行及账号：建行丽都市支行 675843218977027	密码区	154312-3-578<1+45*54* 163312><8182*69*08814 　　　　　　　加密版本:02 <4<2*1702-8> 8*+<142< /0 4700030030 * 6/5*> > 2-3*0/8> >　42353656

货物或应税劳务、服务名称	规格型号	单位	数量	单价	金额	税率	税额
高端啤酒瓶		个	100 000	0.9	90 000.00	13%	11 700.00
低端啤酒瓶		个	220 000	0.7	154 000.00	13%	20 020.00
啤酒罐		个	150 000	0.7	105 000.00	13%	13 650.00
合　计					¥349 000.00		¥45 370.00
价税合计(大写)	叁拾玖万肆仟叁佰柒拾元整				(小写)¥394 370.00		

销货单位	名　称：昌盛工厂 纳税人识别号：657852432879342 地　址、电　话：丽都市顺发路45号6756328 开户行及账号：工行顺发路支行 584003245798215	备注	

收款人：李 发　　　复核：李发顺　　　开票人：李 发　　　销货单位：(章)

图 3-4-16($\frac{4}{5}$)

收　料　单

材料科目：周转材料
材料类别：包装物　　　　　　　　　　　　　　　　　　　　　　　　5346007
供应单位：昌盛工厂
发票号码：42353656　　　　　　　2020年12月19日　　　　　收料仓库：材料仓库

| 材料名称 | 计量单位 | 数量 | | 实际成本 | | 运杂费 | 合计 | 单位成本 |
| | | 应收 | 实收 | 买价 | | | | |
				单价	金额			
高端啤酒瓶	个	100 000	100 000	0.90	90 000.00		90 000.00	0.90
低端啤酒瓶	个	220 000	220 000	0.70	154 000.00		154 000.00	0.70
啤酒罐	个	150 000	150 000	0.70	105 000.00		105 000.00	0.70
合计					349 000.00		349 000.00	
备注								

记账：段自立　　　　　收料：陈　涛　　　　　制单：杨志亮

图 3-4-16($\frac{5}{5}$)

商品购销合同

合同号：2020-163
甲方(购货方)：丽都市东方啤酒公司
乙方(销货方)：丽都市纸箱厂
本着平等互利的原则，经双方协商，共同订立如下合同：
一、双方必须有合法的营业执照，乙方所供商品必须有合法商标，根据不同商品分别提供生产、经营许可证、注册商标证、产品合格证、进口商品检验证等。
二、甲方向乙方订购以下商品：

序号	商品名称	规格型号	计量单位	数量	单价	金 额
	包装箱		个	80 000	3.00	240 000.00
	合计					240 000.00

三、到货时间：乙方在10日内发货，货物由甲方自行运输。
四、货款结算：商业承兑汇票，期限一个月。
五、合同一式 贰 份，双方盖章后生效。如违约须赔偿对方损失，按价款 30% 赔款，不可抗力除外。本合同在履行过程中，若发生纠纷或异议，双方协调解决。

甲方：丽都市东方啤酒公司 乙方：丽都市纸箱厂
法人代表：王高平 法人代表：杨丽萍
账号：建行丽都市675843218977027 账号：工行永平路支行 584005625231265
电话： 6885688 电话：6224535
地址：丽都市永顺路88号 地址：丽都市永平路24号
签约日期：2020年12月18日 签约日期：2020年12月18日

注：此凭证不作为记账依据

图 3-4-17($\frac{1}{5}$)

5234718322

云南省增值税专用发票

抵扣联

№ 63589425
开票日期：2020年12月20日

购货单位	名　　　称：东方啤酒公司 纳税人识别号：677856432198769 地　址、电　话：丽都市永顺路 88 号 6885688 开户行及账号：建行丽都市支行 6758432189770 27	密码区	154312-3-578<1+45*54* 163312><8182*69*08814 加密版本:02 <4<2*1702-8> 8*+<142< /0 4700030030 * 6/5*>＞2-3*0/8＞ 63589425

货物或应税劳务、服务名称	规格型号	单位	数　量	单价	金　额	税率	税　额
包装箱		个	80 000	3.00	240 000.00	13%	31 200.00
合　计					￥240 000.00		￥31 200.00

价税合计(大写) 　贰拾柒万壹仟贰佰元整　　　　(小写) ￥271 200.00

销货单位	名　　　称：丽都市纸箱厂 纳税人识别号：657853689745613 地　址、电　话：丽都市永平路24号6224535 开户行及账号：工行永平路支行 584005625231265	备注	

第二联 抵扣联 购货方扣税凭证

收款人：张先富　复核：李建国　开票人：宋旺发　销货单位：(章)

图 3-4-17($\frac{2}{5}$)

— 117 —

5234718322

云南省增值税专用发票
发票联

No 63589425

开票日期：2020年12月20日

购货单位	名　　称：	东方啤酒公司	密码区	154312-3-578<1+45*54*
	纳税人识别号：	677856432198769		163312><8182*69*08814
	地　址、电话：	丽都市永顺路88号 6885688		加密版本：02
	开户行及账号：	建行丽都市支行 675843218977027		<4<2*1702-8> 8*+<142< /0 4700030030 * 6/5*> > 2-3*0/8> > 63589425

货物或应税劳务、服务名称	规格型号	单位	数 量	单价	金 额	税率	税 额
包装箱		个	80 000	3.00	240 000.00	13%	31 200.00
合　计					￥240 000.00		￥31 200.00

价税合计(大写)	贰拾柒万壹仟贰佰元整	(小写) ￥271 200.00

销货单位	名　　称：	丽都市纸箱厂	备注
	纳税人识别号：	657853689745613	
	地　址、电话：	丽都市永平路24号6224535	
	开户行及账号：	工行永平路支行 5840005625231265	

收款人：张先富　　复核：李建国　　开票人：宋旺发　　销货单位：(章)

图 3-4-17 ($\frac{3}{5}$)

商业承兑汇票（存根）3

汇票号码 6854637

出票日期(大写)　贰零贰零年壹拾贰月贰拾日

付款人	全　　称	东方啤酒公司	收款人	全　　称	丽都市纸箱厂
	账　　号	675843218977027		账　　号	5840005625231265
	汇出地点	建行丽都市支行		汇入地点	工行永平路支行

出票金额	人民币(大写)　贰拾柒万壹仟贰佰元整	百 十 万 千 百 十 元 角 分
		￥ 2 7 1 2 0 0 0 0

汇票到期日(大写)	贰零贰壹年零壹月贰拾日	付款人开户行	行号	2410
交易合号码	2020-166		地址	丽都市槐桦路25号

备注：

8700507788

出票人：王高平

图 3-4-17 ($\frac{4}{5}$)

收 料 单

材料科目：周转材料
材料类别：包装物　　　　　　　　　　　　　　　　　　　　　　　　5346008
供应单位：丽都市纸箱厂
发票号码：63589425　　　　2020年12月20日　　　　　　收料仓库：材料仓库

材料名称	计量单位	数量 应收	数量 实收	实际成本 买价 单价	实际成本 买价 金额	运杂费	合计	单位成本
包装箱	个	80 000	80 000	3.00	240 000.00		240 000.00	
合计					240 000.00		240 000.00	
备注								

记账：段自立　　　　收料：陈　涛　　　　　　　　制单：杨志亮

第三联 记账联

图 3-4-17($\frac{5}{5}$)

收 料 单

材料科目：周转材料
材料类别：包装物　　　　　　　　　　　　　　　　　　　　　　　　5346009
供应单位：顺发广告设计公司
发票号码：04431862　　　　2020年12月20日　　　　　　收料仓库：材料仓库

材料名称	计量单位	数量 应收	数量 实收	实际成本 买价 单价	实际成本 买价 金额	设计费	合计	单位成本
包装箱	个	3 000	3 000	3.00	9 000.00	2 358.49	11 358.49	3.79
合计					9 000.00	2 358.49	11 358.49	
备注								

记账：段自立　　　　收料：陈　涛　　　　　　　　制单：杨志亮

第三联 记账联

图 3-4-18($\frac{1}{4}$)

中国建设银行　（滇）
转账支票存根

$\frac{E}{0}\frac{X}{2}$ 03302547

附加信息
_____
_____

出票日期 2020 年 12 月 20 日

收款人：顺发广告设计公司
金　额：2 500.00 元
用　途：设计费用

单位主管 张成栋　会计 李　松

图 3-4-18($\frac{2}{4}$)

第3章 模拟公司会计业务(原始凭证部分)

2320725228　　　　　　　　　**云南省增值税专用发票**　　　　　　No 04431862
　　　　　　　　　　　　　　　　　抵扣联　　　　　　　　　　　开票日期：2020年12月20日

购货单位	名　　称：东方啤酒公司 纳税人识别号：677856432198769 地址、电话：丽都市永顺路88号 6885688 开户行及账号：建行丽都市支行 675843218977027	密码区	14258963-578<1+45*54* 163312><6001*69*08814 <4<2*1702-8> 8*+<142< /0 214589763 * 6/5*> > 2-3*0/8> >　254789312

货物或应税劳务、服务名称	规格型号	单位	数量	单价	金额	税率	税额
设计费用					2 358.49	6%	141.51
合　计					¥2 358.49		¥141.51
价税合计(大写)	贰仟伍佰元整			(小写) ¥2 500.00			

销货单位	名　　称：顺发广告设计公司 纳税人识别号：677856432188562 地址、电话：丽都市北路57号 6225663 开户行及账号：建行北路支行 675843215556636	备注	(顺发广告设计公司 发票专用章)

收款人：王云生　　　复核：陈平丹　　　开票人：朱丽兰　　　销货单位：(章)

图 3-4-18(3/4)

2320725228　　　　　　　　　**云南省增值税专用发票**　　　　　　No 04431862
　　　　　　　　　　　　　　　　　发票联　　　　　　　　　　　开票日期：2020年12月20日

购货单位	名　　称：东方啤酒公司 纳税人识别号：677856432198769 地址、电话：丽都市永顺路88号 6885688 开户行及账号：建行丽都市支行 675843218977027	密码区	14258963-578<1+45*54* 163312><6001*69*08814 <4<2*1702-8> 8*+<142< /0 214589763 * 6/5*> > 2-3*0/8> >　254789312

货物或应税劳务、服务名称	规格型号	单位	数量	单价	金额	税率	税额
设计费用					2 358.49	6%	141.51
合　计					¥2 358.49		¥141.51
价税合计(大写)	贰仟伍佰元整			(小写) ¥2 500.00			

销货单位	名　　称：顺发广告设计公司 纳税人识别号：677856432188562 地址、电话：丽都市北路57号 6225663 开户行及账号：建行北路支行 675843215556636	备注	(顺发广告设计公司 发票专用章)

收款人：王云生　　　复核：陈平丹　　　开票人：朱丽兰　　　销货单位：(章)

图 3-4-18(4/4)

领 料 单

材料科目：原材料
领料车间(部门)：酿造车间　　　　　　　　　　　　　　　　　　材料类别：主要材料
用途：生产产品　　　　　　　2020年12月22日　　　　　　　　　编号：08409

材料编号	材料名称	规格	计量单位	数量 请领	数量 实发	实际成本 单位成本	实际成本 金额
	澳麦		吨	100	100		
	甘肃麦		吨	150	150		
	曲靖麦		吨	120	120		
	大米		吨	100	100		
备注	高端瓶装啤酒领用澳麦 30 吨，甘肃麦 40 吨，曲靖麦 40 吨，大米 30 吨 低端瓶装啤酒领用澳麦 50 吨，甘肃麦 70 吨，曲靖麦 50 吨，大米 40 吨 罐装啤酒领用澳麦 20 吨，甘肃麦 40 吨，曲靖麦 30 吨，大米 30 吨						

记账：段自立　　　发料：付华　　　领料部门：酿造车间　　　领料人：周平

第三联 记账联

图 3-4-19($\frac{1}{2}$)

领 料 单

材料科目：原材料
领料车间(部门)：酿造车间　　　　　　　　　　　　　　　　　　材料类别：辅助材料
用途：生产产品　　　　　　　2020年12月22日　　　　　　　　　编号：08410

材料编号	材料名称	规格	计量单位	数量 请领	数量 实发	实际成本 单位成本	实际成本 金额
	酒花		吨	1	1	70 000.00	70 000.00
备注	高端瓶装啤酒领用　酒花 0.3 吨 低端瓶装啤酒领用　酒花 0.4 吨 罐装啤酒领用　　　酒花 0.3 吨						

记账：段自立　　　发料：付华　　　领料部门：酿造车间　　　领料人：周平

第三联 记账联

图 3-4-19($\frac{2}{2}$)

- 125 -

领 料 单

材料科目：周转材料
领料车间(部门)：包装车间
用途：生产产品
材料类别：包装物
编号：08411
2020年12月23日

材料编号	材料名称	规格	计量单位	数量 请领	数量 实发	实际成本 单位成本	实际成本 金额
	啤酒罐		个	144 100	144 100		
	旧高端啤酒瓶		个	155 000	155 000		
	新高端啤酒瓶		个	97 100	97 100		
	旧低端啤酒瓶		个	349 000	349 000		
	新低端啤酒瓶		个	215 100	215 100		
	包装箱		个	74 150	74 150		
	商标标签		个	960 300	960 300		
备注	其中，生产罐装啤酒领用包装箱6 050个；商标标签144 100个。 生产高端啤酒瓶领用包装箱21 050个；商标标签252 100个。 生产低端啤酒瓶领用包装箱47 050个；商标标签564 100个。							

记账： 段自立　　　发料： 付　华　　　领料部门：包装车间　　　领料人： 陈红英

第三联　记账联

图 3-4-20（$\frac{1}{1}$）

产 成 品 入 库 单

1052116

交库单位：包装车间　　　2020年12月27日　　　仓库：产成品库

产品名称	规　格	计量单位	交库数量	备　注
高端瓶装啤酒		件	21 000	
低端瓶装啤酒		件	47 000	
罐装啤酒		件	6 000	
合　　计				

车间负责人： 陈红英　　　仓库管理员： 王伟力　　　制单： 李　森

第三联　记账联

图 3-4-21（$\frac{1}{1}$）

实训五　固定资产

收　　据

2020 年 12 月 11 日　　　　　　　　　第 568792 号

收到：东方啤酒公司

摘　　　　要	金　　　　　　额
预付工程款	千 百 十 万 千 百 十 元 角 分
	￥　　1 0 0 0 0 0 0 0
合计人民币（大写）壹拾万元整	
备注：出包工程（简易仓库）	

收款单位（财务公章）　　　会计：万　萍　　　收款人：仇　虎　　　经手人：尹昌平

图 3-5-1（1/3）

承　包　合　同

发包方(甲方)：丽都市东方啤酒公司
承包方(乙方)：海华股份有限公司
依照《中华人民共和国合同法》和丽都市的有关规定，经双方协商一致，签订本合同，并严肃履行。

第一条　工程项目
一、工程名称：简易仓库
二、工程地点：丽都市东方啤酒公司
三、工程编号：659GDB
四、工程范围和内容：全部工程建筑面积300平方米。
五、工程造价：全部工程总造价人民币20万元，分两次付清。首期支付工程款的50%，即10万元。完工后再支付工程款的50%，即10万元。本合同不涉及保证金问题。

第二条　工程期限
一、开工日期：依照国家颁布的工期定额，经双方协商，本合同工程开竣工日期如下：
全部工程自2020年12月11日开工，至2020年12月31日竣工。
二、施工前各项准备工作，双方应依据工程协议书中第三条规定，分别负责按时完成。

第三条　物资供应
由乙方负责所有工程物资。

第四条　违约责任和仲裁
一、由于乙方责任未按本合同规定的日期竣工，(以竣工验收合格日期计算)每逾期一天，应偿付给甲方按预算造价万分之一的逾期违约金。
二、甲乙双方不得借故拖欠各种应付款项，如拖期不付，按银行的短期贷款利率偿付给对方逾期付款违约金。

第五条　合同份数及有效期
一、本合同一式两份，甲乙双方各执正本一份，并分别报送双方业务主管部门副本一份。
二、本合同自双方签订之日起生效，在全部工程竣工验收并结清尾款后失效。

甲方：丽都市东方啤酒公司　　　　　　　乙方：海华股份有限公司
法人代表：王高平　　　　　　　　　　　法人代表：秦马成
账号：建行丽都市支行 6758432189 77027　账号：工行正怀路支行 584000765432542
电话：6885688　　　　　　　　　　　　电话：6555225
地址：丽都市永顺路88号　　　　　　　　地址：丽都市正怀路65号
签约日期：2020年12月8日　　　　　　　签约日期：2020年12月8日

注：此凭证不作为记账依据

图 3-5-1（2/3）

第3章 模拟公司会计业务（原始凭证部分）

```
中国建设银行
转账支票存根    （滇）
       EX
       -- 03302538
       02
附加信息 _____
       _____
       _____
       _____

出票日期 2020 年 12 月 11 日
收款人：海华股份有限公司
金　额：100 000.00 元
用　途：预付工程款
单位主管 张成栋  会计 李　松
```

图 3-5-1（$\frac{3}{3}$）

商品购销合同

合同号：2020-160

甲方（购货方）：丽都市东方啤酒公司

乙方（销货方）：昆明宏利设备公司

本着平等互利的原则，经双方协商，共同订立如下合同：

一、双方必须有合法的营业执照，乙方所供商品必须有合法商标，根据不同商品分别提供生产、经营许可证、注册商标证、产品合格证、进口商品检验证等。

二、甲方向乙方订购以下商品：

序号	商品名称	规格型号	计量单位	数量	单价	金　额
	产品质量检测设备	ZJ-21000KW	台	1	250 000.00	250 000.00
	合计					250 000.00

三、到货时间：乙方在10日内发货，货物委托运输公司运输，费用由购货方承担。

四、货款结算：托收承付

五、合同一式 贰 份，双方盖章后生效。如违约须赔偿对方损失，按价款 30% 赔款，不可抗力除外。本合同在履行过程中，若发生纠纷或异议，双方协调解决。

甲方：丽都市东方啤酒公司　　　　　　乙方：昆明宏利设备公司

法人代表：王高平　　　　　　　　　　法人代表：王利团

账号：建行丽都市675843218977027　　账号：工行南坝路支行 584003298745216

电话：6885688　　　　　　　　　　　电话：5786238

地址：丽都市永顺路88号　　　　　　　地址：昆明市南坝路45号

签约日期：2020年12月8日　　　　　　签约日期：2020年12月8日

注：此凭证不作为记账依据

图 3-5-2（$\frac{1}{8}$）

8232534476

云南省增值税专用发票
抵扣联

No 88645211
开票日期：2020年12月9日

购货单位	名　　　称：东方啤酒公司	密码区	154312-3-578<1+45*54* 163312><8182*69*08814
	纳税人识别号：677856432198769		加密版本:02
	地址、电话：丽都市永顺路88号 6885688		<4<2*1702-8> 8*+<142< /0 4700030030
	开户行及账号：建行丽都市支行 675843218977027		* 6/5*> > 2-3*0/8> > 88645211

货物或应税劳务、服务名称	规格型号	单位	数量	单价	金额	税率	税额
产品质量检测设备	ZJ-21000KW	台	1	250 000.00	250 000.00	13%	32 500.00
合　计					￥250 000.00		￥32 500.00
价税合计（大写）	贰拾捌万贰仟伍佰元整				（小写）￥282 500.00		

销货单位	名　　　称：昆明宏利设备公司	备注	昆明宏利设备公司 发票专用章
	纳税人识别号：667854321659876		
	地址、电话：昆明市南坝路45号 5786238		
	开户行及账号：工行南坝路支行 584003298745216		

收款人：李春强　　复核：王芳　　开票人：刘菊　　销货单位：（章）

图 3-5-2($\frac{2}{8}$)

8232534476

云南省增值税专用发票
发票联

No 88645211
开票日期：2020年12月9日

购货单位	名　　　称：东方啤酒公司	密码区	154312-3-578<1+45*54* 163312><8182*69*08814
	纳税人识别号：677856432198769		加密版本:02
	地址、电话：丽都市永顺路88号 6885688		<4<2*1702-8> 8*+<142< /0 4700030030
	开户行及账号：建行丽都市支行 675843218977027		* 6/5*> > 2-3*0/8> > 88645211

货物或应税劳务、服务名称	规格型号	单位	数量	单价	金额	税率	税额
产品质量检测设备	ZJ-21000KW	台	1	250 000.00	250 000.00	13%	32 500.00
合　计					￥250 000.00		￥32 500.00
价税合计（大写）	贰拾捌万贰仟伍佰元整				（小写）￥282 500.00		

销货单位	名　　　称：昆明宏利设备公司	备注	昆明宏利设备公司 发票专用章
	纳税人识别号：667854321659876		
	地址、电话：昆明市南坝路45号 5786238		
	开户行及账号：工行南坝路支行 584003298745216		

收款人：李春强　　复核：王芳　　开票人：刘菊　　销货单位：（章）

图 3-5-2($\frac{3}{8}$)

第3章 模拟公司会计业务（原始凭证部分）

3221898533

云南省增值税专用发票
抵扣联

No 85643781
开票日期：2020年12月9日

购货单位	名　　称：东方啤酒公司	密码区	154312-3-578<1+45*54*
	纳税人识别号：677856432198769		163312><8182*69*08814
	地址、电话：丽都市永顺路88号 6885688		加密版本：006
	开户行及账号：建行丽都市支行 675843218977027		<4<2*1702-8> 8*+<142< /0 4700030030
			* 6/5*> > 2-3*0/8> > 25643787

货物或应税劳务、服务名称	规格型号	单位	数量	单价	金额	税率	税额
运费					7 000.00	9%	630.00
合　计					￥7 000.00		￥630.00

| 价税合计（大写） | 柒仟陆佰叁拾元整 | （小写）￥7 630.00 |

销货单位	名　　称：昆明市大通运输公司	备注
	纳税人识别号：677833355621153	
	地址、电话：昆明市东山路125号 5778777	
	开户行及账号：建行东山路支行 24874000586543213	

第二联 抵扣联 购货方扣税凭证

收款人：江明　　复核：刘明全　　开票人：张正铁　　销货单位：（章）

图 3-5-2（$\frac{4}{8}$）

3221898533

云南省增值税专用发票
发票联

No 85643781
开票日期：2020年12月9日

购货单位	名　　称：东方啤酒公司	密码区	154312-3-578<1+45*54*
	纳税人识别号：677856432198769		163312><8182*69*08814
	地址、电话：丽都市永顺路88号 6885688		加密版本：006
	开户行及账号：建行丽都市支行 675843218977027		<4<2*1702-8> 8*+<142< /0 4700030030
			* 6/5*> > 2-3*0/8> > 25643787

货物或应税劳务、服务名称	规格型号	单位	数量	单价	金额	税率	税额
运费					7 000.00	9%	630.00
合　计					￥7 000.00		￥630.00

| 价税合计（大写） | 柒仟陆佰叁拾元整 | （小写）￥7 630.00 |

销货单位	名　　称：昆明市大通运输公司	备注
	纳税人识别号：677833355621153	
	地址、电话：昆明市东山路125号 5778777	
	开户行及账号：建行东山路支行 24874000586543213	

第三联 发票联 购货方记账凭证

收款人：江明　　复核：刘明全　　开票人：张正铁　　销货单位：（章）

图 3-5-2（$\frac{5}{8}$）

安 装 合 同

发包方(甲方)：丽都市东方啤酒公司
承包方(乙方)：便民机电安装公司
依照《中华人民共和国合同法》和丽都市的有关规定,经双方协商一致,签订本合同,并严肃履行。

第一条　工程项目
一、工程名称:产品质量检测设备安装
二、工程地点:丽都市东方啤酒公司
三、工程编号:2020ZJ
四、工程范围和内容:产品质量检测设备安装
五、工程造价:安装费6 000元

第二条　工程期限
一、开工日期:依照国家颁布的工期定额,经双方协商,本合同工程开竣工日期如下:
全部工程自2020年12月12日开工,至2020年12月16日竣工。
二、施工前各项准备工作,双方应依据工程协议书中第三条规定,分别负责按时完成。

第三条　物资供应
材料均由乙方负责采购供应。

第四条　违约责任和仲裁
一、由于乙方责任未按本合同规定的日期竣工,(以竣工验收合格日期计算)每逾期一天,应偿付给甲方按预算造价万分之一的逾期违约金;属于包工不包料的,每逾期一天,应偿付给甲方按预算人工费万分之二的逾期违约金。
二、甲乙双方不得借故拖欠各种应付款项,如拖期不付按银行的短期贷款利率偿付给对方逾期付款违约金。

第五条　合同份数及有效期
一、本合同一式两份,甲乙双方各执正本一份,并分别报送双方业务主管部门副本一份。
二、本合同自双方签订之日起生效,在全部工程竣工验收并结清尾款后失效。

甲方：丽都市东方啤酒公司　　　　　乙方：便民机电安装公司
法人代表：王高平　　　　　　　　　法人代表：陈东顺德
账号：建行丽都市支行675843248977027　账号：工行滋兰路支行584000654333211
电话：6885688　　　　　　　　　　　电话：6783565
地址：丽都市永顺路88号　　　　　　地址：丽都市滋兰路65号
签约日期：2020年12月12日　　　　　签约日期：2020年12月12日

注：此凭证不作为记账依据

图 3-5-2($\frac{6}{8}$)

固定资产移交安装报告单

2020年12月12日

名　称	规格型号	单位	数量	设备价款	预计使用年限	移交单位
产品质量检测设备	ZJ-20000KW	台	1	257 000.00	5年	便民机电安装公司
合　计						
备注						

部门主管：周平　　　　　会计：李松　　　　　制单：郭清泉

图 3-5-2($\frac{7}{8}$)

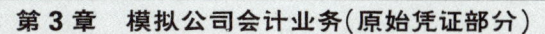

托 收 凭 证（付款通知） 5

委托日期：2020年12月9日　　付款期限 2020年12月12日

业务类型	委托收款（□邮划 □电划）			托收承付（□邮划 ☑电划）			
付款人	全 称	东方啤酒公司		收款人	全 称	昆明宏利设备公司	
	账 号	675843218977027			账 号	584003298745216	
	地 址	云南省	丽都市县	开户行	建行丽都支行	地 址	云南省	昆明市县	开户行	工行南坝路支行
金额	人民币（大写）贰拾玖万零壹佰叁拾元整			亿 千 百 十 万 千 百 十 元 角 分			
				￥ 　 　 　 2 9 0 1 3 0 0 0			
款项内容	货款	托收凭据名称		托收承付	附寄单证张数	8张	
商品发运情况		已发运		合同名称号码	2020-161		
备注：付款人开户银行收到日期　　2020 年 12 月 11 日　　复核　　记账			中国建设银行云南省分行 丽都支行 付款人开户银行签章 2020 年 12 月 12 日	付款人注意：1、根据支付结算办法，上列委托收款（托收承付）款项在付款期限未提出拒付，即视为同意付款，以此代付款通知 2、如需提出全部或部分拒付，应在规定期限内，将拒付理由书并附债务证明退交开户银行			

此联是付款人开户银行给付款人按期付款通知

图 3-5-2($\frac{8}{8}$)

中国建设银行　（滇）
转账支票存根
　　$\frac{EX}{02}$03302539

附加信息
_____
_____

出票日期 2020 年 12 月 13 日

收款人：	新世纪电脑城
金　额：	48 025.00 元
用　途：	电脑款

单位主管 张成栋　会计 李　松

图 3-5-3($\frac{1}{4}$)

6347520985　　　　　　　　云南省增值税专用发票　　　　　No 56817817

（抵扣联）　　　　　　　　　　　　开票日期：2020年12月13日

购货单位	名　　称：东方啤酒公司				密码区	15258963-578<1+45*54* 163312><4122*69*08814 <4<2*1702-8> 8*+<142< /0 314589761 * 6/5*> > 2-3*0/8> >　7547893141	
	纳税人识别号：677856432198769						
	地　址、电　话：丽都市永顺路88号 6885688						
	开户行及账号：建行丽都市支行 675843218977027						
货物或应税劳务、服务名称	规格型号	单位	数量	单价	金　额	税率	税　额
联想电脑	笔记本	台	5	8 500.00	42 500.00	13%	5 525.00
合　计					¥42 500.00		¥5 525.00
价税合计(大写)	肆万捌仟零贰拾伍元整				(小写) ¥48 025.00		
销货单位	名　　称：新世纪电脑城				备注		
	纳税人识别号：277856432188564						
	地　址、电　话：丽都市振兴路47号 6522476						
	开户行及账号：工行振兴路支行 7758432555566612						

收款人：何　明　　　复核：王丽丽　　　开票人：杨　霞　　　销货单位：(章)

图 3-5-3($\frac{2}{4}$)

6347520985　　　　　　　　云南省增值税专用发票　　　　　No 56817817

（发票联）　　　　　　　　　　　　开票日期：2020年12月13日

购货单位	名　　称：东方啤酒公司				密码区	15258963-578<1+45*54* 163312><4122*69*08814 <4<2*1702-8> 8*+<142< /0 314589761 * 6/5*> > 2-3*0/8> >　7547893141	
	纳税人识别号：677856432198769						
	地　址、电　话：丽都市永顺路88号 6885688						
	开户行及账号：建行丽都市支行 675843218977027						
货物或应税劳务、服务名称	规格型号	单位	数量	单价	金　额	税率	税　额
联想电脑	笔记本	台	5	8 500.00	42 500.00	13%	5 525.00
合　计					¥42 500.00		¥5 525.00
价税合计(大写)	肆万捌仟零贰拾伍元整				(小写) ¥48 025.00		
销货单位	名　　称：新世纪电脑城				备注		
	纳税人识别号：277856432188564						
	地　址、电　话：丽都市振兴路47号 6522476						
	开户行及账号：工行振兴路支行 7758432555566612						

收款人：何　明　　　复核：王丽丽　　　开票人：杨　霞　　　销货单位：(章)

图 3-5-3($\frac{3}{4}$)

固定资产移交使用报告单

2020年12月13日

名　称	规格型号	单位	数量	设备价款	领用人
联想笔记本电脑	1455-31	台	1	8 500.00	张成栋
联想笔记本电脑	1455-32	台	1	8 500.00	王秋生
联想笔记本电脑	1455-33	台	1	8 500.00	董立飞
联想笔记本电脑	1455-34	台	1	8 500.00	张所
联想笔记本电脑	1455-35	台	1	8 500.00	付一村
合　计			5	42 500.00	
备　注	张成栋财务部经理，王秋生系办公室主任，董立飞系营销部经理，张所系工程部主任，付一村系物流部经理					

使用部门主管：刘立强　　　　　会计：李　松　　　　　制单：郭清泉

图 3-5-3 ($\frac{4}{4}$)

3356875211　　　　　**云南省增值税专用发票**　　　　No 75642136

抵扣联

开票日期：2020年12月16日

购货单位	名　　称	东方啤酒公司	密码区	154312-3-578<1+45*54* 163312><8182*69*08814 加密版本：02 <4<2*1702-8> 8*+<142< /0 4700030030 * 6/5*> > 2-3*0/8> > 7564213		
	纳税人识别号	677856432198769				
	地　址、电　话	丽都市永顺路88号 6885688				
	开户行及账号	建行丽都市支行 6758432189 77027				

货物或应税劳务、服务名称	规格型号	单位	数量	单价	金额	税率	税额
安装费用					6 000.00	9%	540.00
合　计					￥6 000.00		￥540.00
价税合计(大写)	陆仟伍佰肆拾元整						(小写) ￥6 540.00

销货单位	名　　称	便民机电安装公司	备注	
	纳税人识别号	667858763246554		
	地　址、电　话	丽都市滋兰路65号 6783565		
	开户行及账号	工行滋兰支行 584000654333211		

收款人：蒋丽　　　复核：邓晓冬　　　开票人：徐迪　　　销货单位：(章)

图 3-5-4 ($\frac{1}{4}$)

第 3 章 模拟公司会计业务（原始凭证部分）

云南省增值税专用发票

3356875211　　　　　　　　　　　　　　　　　　　　　　　　　No 75642136
发票联　　　　　　　　　　　　　　　　　　　　开票日期：2020年12月16日

购货单位	名　　　　称：东方啤酒公司 纳税人识别号：677856432198769 地　址、电　话：丽都市永顺路88号　6885688 开户行及账号：建行丽都市支行 675843218977027	密码区	154312-3-578<1+45*54* 163312><8182*69*08814 　　　　　　　　　　加密版本：02 <4<2*1702-8> 8*+<142< /0 4700030030 * 6/5*> > 2-3*0/8> > 7564213

货物或应税劳务、服务名称	规格型号	单位	数量	单价	金额	税率	税额
安装费用					6 000.00	9%	540.00
合　　计					￥6 000.00		￥540.00

价税合计（大写）	陆仟伍佰肆拾元整	（小写）￥6 540.00

销货单位	名　　　　称：便民机电安装公司 纳税人识别号：667858763246554 地　址、电　话：丽都市滋兰路65号　6783565 开户行及账号：工行滋兰路支行 584000654333211	备注	

收款人：蒋　丽　　复核：邓晓冬　　开票人：徐　迪　　销货单位：（章）

图 3-5-4（2/4）

中国建设银行　　（滇）
转账支票存根

$\dfrac{E}{0}\dfrac{X}{2}$ 03302541

附加信息 _____
_____
_____

出票日期 2020年12月16日

收款人：便民机电安装公司
金　额：6 540.00元
用　途：安装费
单位主管 张成栋　会计 李　松

图 3-5-4（3/4）

— 145 —

固定资产移交使用报告单
2020年12月16日

名　称	规格型号	单位	数量	设备价款	预计使用年限	移交单位
产品质量检测设备	ZJ-21000KW	台	1	263 000.00	5 年	生产部
合计						
备注						

使用部门主管：周　平　　　　　　　会计：李　松　　　　　　制单：郭清泉

图 3-5-4（$\frac{4}{4}$）

公告编号：临2020—045

东方啤酒公司五届二十次董事会决议公告

　　本公司及董事会全体成员保证公告内容的真实、准确和完整，没有虚假记载、误导性陈述或者重大遗漏。

　　东方啤酒公司五届二十次董事会会议通知于2020年12月12日，以书面、传真方式发给公司10名董事，会议于2020年12月16日在公司五楼会议室召开。应到董事10人，实到董事9人，1名董事办理了委托，高小平独立董事委托胡力兴独立董事代其出席会议行使表决权，并在董事会决议上签字，符合《中华人民共和国公司法》和本公司章程的有关规定。会议由公司董事长王高平先生主持，公司监事、部分高管人员列席了本次会议。经审议，到会董事一致通过了如下决议：

　　会议以10票同意、0票反对、0票弃权的表决结果，审议通过了《东方啤酒公司关于出售资产的议案》：

　　本公司向丽都市电脑销售公司出售管理部门使用的联想台式电脑5台，交易价格总额5 000.00元。

　　本次公司向非控股公司出售资产的事项不属重大关联交易及资产交易事项，无须经过股东大会审批。免于按照相关规定披露和履行相应程序，符合云南证券交易所股票上市规则有关规定。

东方啤酒公司董事会
二〇二〇年十二月十五日

图 3-5-5（$\frac{1}{2}$）

固定资产处置报告单

固定资产编号：　　　　2020年12月16日　　　　固定资产卡账号：6754

固定资产名称	规格型号	单位	数量	预计使用年限	原值	月初折旧	当月应提折旧	预计净残值	备注
联想台式电脑		台	5	5	25 000.00	21 502	173	1 250	
使用部门：管理部门									
固定资产状况	出　售								
处理意见	使用部门	技术鉴定小组		固定资产管理部门			主管部门审批		
	同意出售 陈红英	同意出售 王艳梅		同意出售 陈红英			同意出售 刘立强		

图 3-5-5（$\frac{2}{2}$）

第3章　模拟公司会计业务（原始凭证部分）

商品购销合同

合同号：2020-161

甲方（购货方）：丽都市东方啤酒公司

乙方（销货方）：安全电梯厂

本着平等互利的原则，经双方协商，共同订立如下合同：

一、双方必须有合法的营业执照，乙方所供商品必须有合法商标，根据不同商品分别提供生产、经营许可证、注册商标证、产品合格证、进口商品检验证等。

二、甲方向乙方订购以下商品：

序号	商品名称	规格型号	计量单位	数量	单价	金额
	电梯	DT—8F	台	1	400 000.00	400 000.00
	合计					400 000.00

三、到货时间：乙方在10日内送货上门并负责安装调试。甲方于安装完工时支付安装费4 000元。

四、货款结算：委托收款

五、合同一式 贰 份，双方盖章后生效。如违约须赔偿对方损失，按价款 30% 赔款，不可抗力除外。本合同在履行过程中，若发生纠纷或异议，双方协调解决。

甲方：<u>丽都市东方啤酒公司</u>　　　　　　　　乙方：<u>安全电梯厂</u>

法人代表：<u>王高平</u>　　　　　　　　　　　　法人代表：<u>姜明</u>

账号：建行丽都市675843218977027　　　　账号：建行翡翠路支行 675843216653241

电话：6885688　　　　　　　　　　　　　　电话：6503522

地址：丽都市永顺路88号　　　　　　　　　　地址：丽都市翡翠路8号

签约日期：2020年12月14日　　　　　　　　签约日期：2020年12月14日

注：此凭证不作为记账依据

图 3-5-6($\frac{1}{5}$)

4202871532　　　　　　　**云南省增值税专用发票**　　　　№ 65423127

抵扣联　　　　　　　　　　　　　　　　　　开票日期：2020年12月15日

购货单位	名　称	东方啤酒公司	密码区	154312-3-578<1+45*54*
	纳税人识别号	677856432198769		163312><8182*69*08814
	地址、电话	丽都市永顺路88号 6885688		加密版本：02
	开户行及账号	建行丽都市支行 675843218977027		<4<2*1702-8> 8*+<142< /0 4700030030 * 6/5*> > 2-3*0/8> > 6542312

货物或应税劳务、服务名称	规格型号	单位	数量	单价	金额	税率	税额
电梯	DT—8F	台	1	400 000.00	400 000.00	13%	52 000.00
合计					￥400 000.00		￥52 000.00

| 价税合计（大写） | 肆拾伍万贰仟元整 | （小写）￥452 000.00 |

销货单位	名　称	安全电梯厂	备注
	纳税人识别号	667758223465213	
	地址、电话	丽都市翡翠路8号 6503522	
	开户行及账号	建行翡翠路支行 675843216653241	

收款人：<u>胡香</u>　　　复核：<u>陈池</u>　　　开票人：<u>徐明玉</u>　　　销货单位：（章）

第二联 抵扣联 购货方扣税凭证

图 3-5-6($\frac{2}{5}$)

— 149 —

4202871532

云南省增值税专用发票
发票联

No 65423127

开票日期：2020年12月15日

购货单位	名　　　称：东方啤酒公司
	纳税人识别号：677856432198769
	地　址、电　话：丽都市永顺路88号　6885688
	开户行及账号：建行丽都市支行 6758432189 77027

密码区：
154312-3-578<1+45*54*
163312><8182*69*08814
　　　加密版本:02
<4<2*1702-8> 8*+<142< /0 4700030030
* 6/5*> > 2-3*0/8> > 6542312

第三联　发票联　购货方记账凭证

货物或应税劳务、服务名称	规格型号	单位	数量	单价	金额	税率	税额
电　梯	DT—8F	台	1	400 000.00	400 000.00	13%	52 000.00
合　　计					￥400 000.00		￥52 000.00
价税合计（大写）	肆拾伍万贰仟元整				（小写）￥452 000.00		

销货单位	名　　　称：安全电梯厂	备注
	纳税人识别号：667858223465213	
	地　址、电　话：丽都市翡翠路8号　6503522	
	开户行及账号：建行翡翠路支行 6758432166 53241	

收款人：胡杏　　　复核：陈池　　　开票人：徐明玉　　　销货单位：（章）

图 3-5-6($\frac{3}{5}$)

固定资产移交安装报告单
2020年12月17日

名　称	规格型号	单位	数量	设备价款	预计使用年限	移交单位
电　梯	DT—8F	台	1	400 000.00	10年	工程部
合计						
备注	行政楼改建工程					

使用部门主管：张所　　　　　会计：李松　　　　　制单：郭清泉

图 3-5-6($\frac{4}{5}$)

第 3 章 模拟公司会计业务（原始凭证部分）

托 收 凭 证（付款通知）　　5

委托日期：2020年12月15日　　付款期限 2020年12月17日

业务类型	委托收款(□邮划 □电划)		托收承付(□邮划 ☑电划)			
付款人	全 称	东方啤酒公司	收款人	全 称	安全电梯厂	
	账 号	675843218977027		账 号	675843216653241	
	地 址	云南省 丽都市县 开户行 建行丽都支行		地 址	云南省 丽都市县 开户行 建行翡翠路支行	
金额	人民币（大写） 肆拾伍万贰仟元整		亿千百十万千百十元角分　¥ 4 5 2 0 0 0 0 0			
款项内容	货款	托收凭据名称	托收承付	附寄单证张数	3张	
商品发运情况	已发运		合同名称号码	2020-163		
备注：付款人开户银行收到日期 2020年12月16日 复核 记账		付款人开户银行签章 2020年12月17日 中国建设银行云南省分行 丽都支行	付款人注意：1. 根据支付结算办法，上列委托收款（托收承付）款项在付款期限未提出拒付，即视为同意付款，以此代付款通知 2. 如需提出全部或部分拒付，应在规定期限内，将拒付理由书并附债务证明退交开户银行			

此联是付款人开户银行给付款人按期付款通知

图 3-5-6(5/5)

5201896335　　**云南省增值税专用发票**　　No 00206059

此联不作报销、扣税凭证使用　　开票日期：2020年12月19日

购货单位	名 称	丽都市电脑销售公司	密码区	254312-3-578<1+45*54*。54781147 163312><8182*69*0181425698742597 <4<2*1702-8> 8*+<142< /0 51110300322 * 6/5*>> 2-3*0/8> > 213658749325
	纳税人识别号	587856412198723		
	地址、电话	丽都市和顺路127号 6873211		
	开户行及账号	建行和顺路支行 576843211277041		

货物或应税劳务、服务名称	规格型号	单位	数量	单价	金额	税率	税额
联想电脑	台式	台	5	1 000.00	5 000.00	13%	650.00
合　计					¥5 000.00		¥650.00

价税合计（大写）	伍仟陆佰伍拾元整	（小写）¥5 650.00	

销货单位	名 称	东方啤酒公司	备注	
	纳税人识别号	677856432198769		
	地址、电话	丽都市永顺路88号 6885688		
	开户行及账号	建行丽都市支行 675843218977027		

第一联 记账联 销货方记账凭证

收款人：陈芳　　复核：李松　　开票人：张平　　销货单位：（章）

图 3-5-7(1/2)

- 153 -

中国建设银行 进账单（收账通知）3

2020年12月19日　　　　　　　　　　　第　　号

出票人	全称	丽都市电脑销售公司	收款人	全称	东方啤酒公司
	账号	675843213335678		账号	675843218977027
	开户银行	建行城北支行		开户银行	建行丽都市支行

金额	人民币（大写）伍仟陆佰伍拾元整	亿	千	百	十	万	千	百	十	元	角	分
						¥	5	6	5	0	0	0

票据种类	转账支票	票据张数	1
票据号码		765312	

收款人开户银行盖章
2020年12月19日

此联是收款人开户银行交收款人的收账通知

单位主管　　会计　　复核　　记账

图 3-5-7（$\frac{2}{2}$）

房屋销售合同

甲方：新河房地产开发公司（以下简称甲方）
乙方：东方啤酒公司（以下简称乙方）
根据《合同法》及《城市房地产管理办法》及其他房产交易的法律、法规之规定，甲乙双方本着自愿协商一致的基础上就买卖房屋达成如下条款：
一、乙方购房的基本情况
乙方购房地址：丽都市永顺路88号所购房屋为风林小区第二幢住宅楼201、202号房，合同约定每套房屋面积为：100平方米。
二、总价款及付款方式
房屋2套，每套价格为人民币400 000.00元，总价800 000.00元。大写：捌拾万元整。
双方在签定合同时，乙方一次性付清购买该住宅楼的全部款额。
三、乙方逾期的违约责任
乙方自付定金后，甲乙双方必须履行合同，如有一方违约，必须按合同规定总价的20%赔付给另一方。
四、甲乙双方的责任和义务
1. 甲方保证房屋质量。
2. 甲方负责水电安装到每户门口，搭火费由乙方自付，室内毛糙地面，窗户为塑钢窗。
3. 甲方保证房屋半年内的修补，但不保证人为的损坏。
4. 房屋交付使用6个月内，如乙方需甲方代办房产证费用由乙方承担。
五、乙方不得改变房屋的主体结构，如需要改装，需由甲方同意，自行改装由此造成的损失由乙方自负。
六、本合同未尽事宜，可由双方约定后签定补充协议。
七、本合同一式两份，甲乙双方各执一份，自双方签字之日起生效。

甲方签字：新河房地产开发公司　　　　　　乙方签字：东方啤酒公司
2020年12月20日　　　　　　　　　　　　　2020年12月20日

图 3-5-8（$\frac{1}{5}$）

第 3 章　模拟公司会计业务(原始凭证部分)

```
┌─────────────────────────────┐
│  中国建设银行      （滇）     │
│  转账支票存根                │
│      E  X                   │
│      ─  ─  03302548         │
│      0  2                   │
│  附加信息 _____        │
│         _____         │
│         _____         │
│  出票日期 2020 年 12 月 20 日 │
│  收款人：新河房地产开发公司   │
│  金　额：904 000.00 元       │
│  用　途：购房款              │
│  单位主管 张成栋  会计 李 松  │
└─────────────────────────────┘
```

图 3-5-8（$\frac{2}{5}$）

8911534267　　　　　　　云南省增值税专用发票　　　　　No 32543714

抵扣联　　　　　　　　　　　　　　　　　　　　　　开票日期：2020年12月20日

购货单位	名　　称：东方啤酒公司 纳税人识别号：677856432198769 地　址、电　话：丽都市永顺路 88 号 6885688 开户行及账号：建行丽都市支行 　　　　　　　675843218977027	密码区	251712-3-578<1+45*54*124879524325498 163312><8182*69*01814524781935746584 47<2*1702-8> 8*+<142< /0 3325874965874 * 6/5*> > 2-3*0/8> >　325471896

货物或应税劳务、服务名称	规格型号	单位	数量	单价	金额	税率	税额
套房		套	2	400 000.00	800 000.00	13%	104 000.00
合　计					￥800 000.00		￥104 000.00

价税合计(大写)	玖拾万零肆仟元整	(小写) ￥904 000.00

销货单位	名　　称：新河房地产开发公司 纳税人识别号：425856432688778 地　址、电　话：丽都市永顺路 239 号 6888888 开户行及账号：建行丽都市支行 　　　　　　　29584341897705743	备注	（新河房地产开发公司 发票专用章）

收款人：杨明亮　　复核：吴芳菲　　开票人：李开明　　销货单位：(章)

图 3-5-8（$\frac{3}{5}$）

- 157 -

8911534267

云南省增值税专用发票　　No 32543714

发票联　　　　　　　　　　开票日期：2020年12月20日

购货单位	名　　　称：东方啤酒公司 纳税人识别号：677856432198769 地址、电话：丽都市永顺路88号 6885688 开户行及账号：建行丽都市支行 　　　　　　　675843218977027	密码区	251712-3-578<1+45*54*124879524325498 163312><8182*69*01814524781935746584 47<2*1702-8> 8*+<142< /0 3325874965874 * 6/5*>> 2-3*0/8>　 325471896

货物或应税劳务、服务名称	规格型号	单位	数量	单价	金额	税率	税额
套房		套	2	400 000.00	800 000.00	13%	104 000.00
合　计					￥800 000.00		￥104 000.00

价税合计（大写）	玖拾万零肆仟元整	（小写）￥904 000.00

销货单位	名　　　称：新河房地产开发公司 纳税人识别号：425856432688778 地址、电话：丽都市永顺路239号 6888888 开户行及账号：建行丽都市支行 　　　　　　　295843418977705743	备注	（新河房地产开发公司 发票专用章）

收款人：杨明亮　　复核：吴芳菲　　开票人：李开明　　销货单位：（章）

第三联 发票联 购货方记账凭证

图 3-5-8（$\frac{4}{5}$）

固定资产移交使用报告单

2020年12月20日

名　称	规格型号	单位	数量	住房价款	预计使用年限	移交单位
住房	100m²	套	2	800 000.00	50年	办公室
合计						
备注						

使用部门主管：王秋生　　　　会计：李　松　　　　制单：郭清泉

图 3-5-8（$\frac{5}{5}$）

领 料 单

材料科目：周转材料
领料车间(部门)：工程部
用途：安装电梯

2020年12月25日

材料类别：低值易耗品
编号：08412

材料编号	材料名称	规格	计量单位	数量 请领	数量 实发	实际成本 单位成本	实际成本 金额
	润滑油		千克	30	30		
备注	行政楼改建工程用							

记账：段自立　　　发料：付 华　　　领料部门：工程部　　　领料人：张艳芳

第三联　记账联

图 3-5-9($\frac{1}{1}$)

实训六　无形资产

收 据

收到：东方啤酒公司　　　2020年12月5日　　　　　　　　415421

摘　　　　要	金　　　　　　　额								
	千	百	十	万	千	百	十	元	角	分
拍卖保证金			￥	3	0	0	0	0	0	0	0
合计人民币(大写) 叁拾万元整								
备注：拍卖保证金								

收款单位(财务公章)　　　会计：袁世清　　　收款人：段 荣　　　经手人：李锦江

第三联　记账联

图 3-6-1($\frac{1}{2}$)

第3章 模拟公司会计业务(原始凭证部分)

```
中国建设银行    (滇)
转账支票存根
   E X
   — — 03302533
   0 2
附加信息
_____
_____
_____

出票日期 2020 年 12 月 5 日
收款人：丽都市国有土地交
        易中心
金  额：300 000.00 元
用  途：拍卖保证金
单位主管 张成栋  会计 李 松
```

图 3-6-1($\frac{2}{2}$)

```
中国建设银行    (滇)
转账支票存根
   E X
   — — 03302534
   0 2
附加信息
_____
_____
_____

出票日期 2020 年 12 月 7 日
收款人：丽都市国有土地交
        易中心
金  额：2 970 000.00 元
用  途：拍卖余款
单位主管 张成栋  会计 李 松
```

图 3-6-2($\frac{1}{4}$)

丽国用(2020)第0315号

土地使用权人	丽都市东方啤酒公司		
落座	丽都市永顺路 25 号		
地号		图号	
地类(用途)	工业用	取得价格	3 000 000.00
使用权类型	出让	终止日期	2070 年 12 月 8 日
使用权面积	10 亩	其中	使用面积	10 亩
			分摊面积	0

根据《中华人民共和国宪法》、《中华人民共和国土地管理法》等法律法规，为保护土地使用权人的合法权益，对土地使用权人申请登记的本证所列土地权利，经审查核实，准予登记，颁发此证。

丽都市人民政府

2020年12月7日

图 3-6-2($\frac{2}{4}$)

8265524781

云南省增值税专用发票
抵扣联

No 76683712
开票日期：2020年12月7日

购货单位	名　　称：东方啤酒公司 纳税人识别号：677856432198769 地　址、电　话：丽都市永顺路88号 6885688 开户行及账号：建行丽都市支行 　　　　　　　675843218977027	密码区	754312-3-578<1+45*54*12478561 2163312><8182*69*088141248754 　　　　　　加密版本:07 3<4<2*1702-8> 8*+<142< /0 4700030030 4* 6/5*> > 2-3*0/8>　464378731472

货物或应税劳务、服务名称	规格型号	单位	数量	单价	金额	税率	税额
土地使用权		亩	10	300 000.00	3 000 000.00	9%	270 000.00
合　计					￥3 000 000.00		￥270 000.00

价税合计（大写）：叁佰贰拾柒万元整　　（小写）￥3 270 000.00

销货单位	名　　称：丽都市国有土地交易中心 纳税人识别号：367852342256137 地　址、电　话：丽都市南平路77号 6868528 开户行及账号：建行南平路支行 　　　　　　　774000534563576	备注	（丽都市国有土地交易中心 发票专用章）

收款人：段　荣　　复核：袁世清　　开票人：李锦江　　销货单位：（章）

第二联 抵扣联 购货方扣税凭证

图 3-6-2（3/4）

8265524781

云南省增值税专用发票
发票联

No 76683712
开票日期：2020年12月7日

购货单位	名　　称：东方啤酒公司 纳税人识别号：677856432198769 地　址、电　话：丽都市永顺路88号 6885688 开户行及账号：建行丽都市支行 　　　　　　　675843218977027	密码区	754312-3-578<1+45*54*12478561 2163312><8182*69*088141248754 　　　　　　加密版本:07 3<4<2*1702-8> 8*+<142< /0 4700030030 4* 6/5*> > 2-3*0/8>　464378731472

货物或应税劳务、服务名称	规格型号	单位	数量	单价	金额	税率	税额
土地使用权		亩	10	300 000.00	3 000 000.00	9%	270 000.00
合　计					￥3 000 000.00		￥270 000.00

价税合计（大写）：叁佰贰拾柒万元整　　（小写）￥3 270 000.00

销货单位	名　　称：丽都市国有土地交易中心 纳税人识别号：367852342256137 地　址、电　话：丽都市南平路77号 6868528 开户行及账号：建行南平路支行 　　　　　　　774000534563576	备注	（丽都市国有土地交易中心 发票专用章）

收款人：段　荣　　复核：袁世清　　开票人：李锦江　　销货单位：（章）

第三联 发票联 购货方记账凭证

图 3-6-2（4/4）

费 用 报 销 单

报销日期：2020年12月17日　　　　　　　　　　　　　　　附件1张

费用项目	类别	金额	单位负责人（签　章）	李志刚
研发支出	费用化支出	7 700.00		
应交税费	增值税	221.00	审查意见	同意报销
		转账付讫	报销人	张　青
报销金额合计		¥7 921.00		
核实金额(大写)：柒仟玖佰贰拾壹元整			
借款数	应退数	应补金额：¥7 921.00		
列支渠道	研发支出			

审核：张成栋　　　　　　出纳：陈　芳

图 3-6-3 (1/6)

5203189137　　　　　　　云南省增值税专用发票　　　　　No 52467382
　　　　　　　　　　　　　　　　抵扣联　　　　　　　　开票日期：2020年12月17日

购货单位	名　　称：东方啤酒公司	密码区	234312-3-578<1+45*54*2486 163312><8182*69*0881413795 加密版本:02 <4<2*1702-8> 8*+<142< /0 4700030030 * 6/5*> > 2-3*0/8> > 2564378721357
	纳税人识别号：677856432198769		
	地址、电话：丽都市永顺路88号 6885688		
	开户行及账号：建行丽都市支行675843218977027		

货物或应税劳务、服务名称	规格型号	单位	数量	单价	金额	税率	税额
笔记本		本	10	30.00	300.00	13%	39.00
打印纸		件	12	100.00	1 200.00	13%	156.00
碳素笔		盒	10	20.00	200.00	13%	26.00
合　计					¥1 700.00		¥221.00

价税合计(大写)	壹仟玖佰贰拾壹元整	(小写) ¥1 921.00

销货单位	名　　称：云南丽都市华乐文具店	备注	华乐文具店
	纳税人识别号：467852542256132		
	地址、电话：丽都市和平路36号 6867522		
	开户行及账号：工行和平路支行 274000537563228		销货单位：(章)

收款人：李丽涛　　　复核：王洪景　　　开票人：张芳芳

图 3-6-3 (2/6)

第 3 章 模拟公司会计业务(原始凭证部分)

5203189137　　　　　　　　云南省增值税专用发票　　　　　№ 52467382

发票联　　　　　　　　　　开票日期：2020年12月17日

购货单位	名　　　称：东方啤酒公司	密码区	234312-3-578<1+45*54*2486
	纳税人识别号：677856432198769		163312><8182*69*0881413795
	地　址、电　话：丽都市永顺路88号　6885688		加密版本:02
	开户行及账号：建行丽都市支行675843218977027		<4<2*1702-8> 8*+<142< /0 4700030030 * 6/5*> > 2-3*0/8> >　2564378721357

货物或应税劳务、服务名称	规格型号	单位	数量	单价	金额	税率	税额
笔记本		本	10	30.00	300.00	13%	39.00
打印纸		件	12	100.00	1 200.00	13%	156.00
碳素笔		盒	10	20.00	200.00	13%	26.00
合　计					¥1 700.00		¥221.00
价税合计(大写)	壹仟玖佰贰拾壹元整				(小写)¥1 921.00		

销货单位	名　　　称：云南丽都市华乐文具店	备注
	纳税人识别号：467852542256132	
	地　址、电　话：丽都市和平路36号　6867522	
	开户行及账号：工行和平路支行 274000537563228	

第三联　发票联　购货方记账凭证

收款人：李丽涛　　　复核：王洪景　　　开票人：张芳芳　　　销货单位：(章)

图 3-6-3($\frac{3}{6}$)

中国建设银行　（滇）
转账支票存根
$\frac{E}{0}\frac{X}{2}$ 03302543

附加信息
_____
_____

出票日期 2020 年 12 月 17 日

收款人：	华乐文具店
金　额：	1 921.00 元
用　途：	购买办公用品
单位主管 张成栋	会计 李　松

图 3-6-3($\frac{4}{6}$)

第 3 章 模拟公司会计业务（原始凭证部分）

中国建设银行 （滇）
转账支票存根

$\frac{E}{0}\frac{X}{2}$ 03302544

附加信息 _____

出票日期 2020 年 12 月 17 日
收款人：丽都市酒业协会
金　　额：6 000.00 元
用　　途：专家论证费
单位主管 张成栋　会计 李　松

图 3-6-3（5/6）

5300152250　　　　　云南省增值税普通发票　　　　No 521478541

发票联　　　　　　　　　　　　　开票日期：2020年12月17日

购货单位	名　　称：	东方啤酒公司		密码区	251712-3-578<1+45*54*124879524325498 163312><8182*69*01814524781935746584 47<2*1702-8> 8*+<142< /0 3325874965874 * 6/5*> > 2-3*0/8> >　325471896
	纳税人识别号：	677856432198769			
	地址、电话：	丽都市永顺路88号　6885688			
	开户行及账号：	建行丽都市支行675843218977027			

货物或应税劳务、服务名称	规格型号	单位	数量	单价	金额	税率	税额
专家论证费					5 660.38	6%	339.62
合　　计					￥5 660.38		￥339.62

价税合计（大写）　　陆仟元整　　　　　（小写）￥6 000.00

销货单位	名　　称：	恒阳区国家税务局代开专票特殊纳税人	代开企业名称：丽都市酒业协会
	纳税人识别号：	5678522252257151　（代开机关）	备注
	地址、电话：	丽都市学府路89号　6865368	
	开户行及账号：	工行学府路支行254325486763222	

收款人：王红仁　　复核：张含硕　　开票人：张一娇　　销货单位：（章）

丽都市酒业协会 财务专用章

图 3-6-3（6/6）

商品购销合同

合同号：2020-164
甲方（购货方）：丽都市东方啤酒公司
乙方（销货方）：云南庆谊公司

本着平等互利的原则，经双方协商，共同订立如下合同：

一、双方必须有合法的营业执照，乙方所供商品必须有合法商标，根据不同商品分别提供生产、经营许可证、注册商标证、产品合格证、进口商品检验证等。

二、甲方向乙方订购以下商品：

序号	商品名称	规格型号	计量单位	数量	单价	金额
	大 米		吨	1.5	3 400.00	5 100.00
	合 计					5 100.00

三、到货时间：乙方在10日内发货，货物由购货方自行运输。
四、货款结算：货到付款。
五、合同一式 贰 份，双方盖章后生效。如违约须赔偿对方损失，按价款 30% 赔款，不可抗力除外。本合同在履行过程中，若发生纠纷或异议，双方协调解决。

甲方：丽都市东方啤酒公司   乙方：云南庆谊公司

法人代表：王高平   法人代表：夏 梅
账号：建行丽都市支行6758432189977027   账号：工行正怀路支行584000586543213
电话：6885688   电话：6578321
地址：丽都市永顺路88号   地址：江城市正怀路78号
签约日期：2020年12月19日   签约日期：2020年12月19日

注：此凭证不作为记账依据

图 3-6-4（1/5）

6013985821

云南省增值税专用发票

抵扣联

№ 35332293

开票日期：2020年12月19日

购货单位	名　　　称	东方啤酒公司	密码区	154312-3-578<1+45*54*
	纳税人识别号	677856432198769		163312><8182*69*08814
	地　址、电话	丽都市永顺路 88 号 6885688		加密版本：02
	开户行及账号	建行丽都市支行 6758432189977027		<4<2*1702-8> 8*+<142</ 4700030030 * 6/5*>> 2-3*0/8>> 25643790

货物或应税劳务、服务名称	规格型号	单位	数量	单价	金额	税率	税额
大 米		吨	1.5	3 400.00	5 100.00	13%	663.00
合 计					￥5 100.00		￥663.00

价税合计（大写）	伍仟柒佰陆拾叁元整	（小写）￥5 763.00

销货单位	名　　　称	云南庆谊公司	备注	
	纳税人识别号	667852621345658		
	地　址、电话	江城市正怀路78号 6578321		
	开户行及账号	工行正怀路支行 584000586543213		

第二联 抵扣联 购货方扣税凭证

收款人：钟晓耕　　复核：刘桂　　开票人：王月　　销货单位：（章）

图 3-6-4（2/5）

第 3 章 模拟公司会计业务（原始凭证部分）

6013985821

云南省增值税专用发票
发票联

No 35332293

开票日期：2020年12月19日

购货单位	名　　称： 东方啤酒公司	密码区	154312-3-578<1+45*54* 163312><8182*69*08814 　　　　　　　　　加密版本:02 <4<2*1702-8> 8*+<142< /0 4700030030 * 6/5*> > 2-3*0/8> >　25643790
	纳税人识别号：677856432198769		
	地　址、电　话：丽都市永顺路88号　6885688		
	开户行及账号：建行丽都市支行 675843218977027		

货物或应税劳务、服务名称	规格型号	单位	数量	单价	金额	税率	税额
大米		吨	1.5	3 400.00	5 100.00	13%	663.00
合　计					￥5 100.00		￥663.00

价税合计（大写）	伍仟柒佰陆拾叁元整	（小写）￥5 763.00

销货单位	名　　称： 云南庆谊公司	备注
	纳税人识别号：667852621345658	
	地　址、电　话：江城市正怀路78号　6578321	
	开户行及账号：工行正怀路支行 584000586543213	

收款人：钟晓耕　　复核：刘桂　　开票人：王月　　销货单位：（章）

图 3-6-4（3/5）

托　收　凭　证（付款通知）　　5

委托日期：2020年12月19日　　付款期限 2020年12月21日

业务类型	委托收款(☑邮划 □电划)　　托收承付(□邮划 ☑电划)											
付款人	全称	东方啤酒公司		收款人	全称	云南庆谊公司						
	账号	675843218977027			账号	584000586543213						
	地址	云南省	丽都市县	开户行	建行丽都市支行		地址	云南省	丽都市县	开户行	工行正怀路支行	
金额	人民币（大写）伍仟柒佰陆拾叁元整					亿	千	百	十	万	千	百	十	元	角	分
									￥	5	7	6	3	0	0
款项内容	货款	托收凭据名称		托收承付		附寄单证张数	3					
商品发运情况	已发运			合同名称号码	2020-168							
备注： 付款人开户银行收到日期 　　　　2020 年 12 月 21日 复核　　　记账	付款人开户银行签章 2020年 12月 21日			付款人注意： 1. 根据支付结算办法，上列委托收款（托收承付）款项在付款期限未提出拒付，即视为同意付款，以此代付款通知。 2. 如需提出全部或部分拒付，应在规定期限内，将拒付理由书并附债务证明退交开户银行。								

图 3-6-4（4/5）

费 用 报 销 单

报销日期：2020年12月21日　　　　　　　　　　　　附件4张

费用项目	类别	金额	单位负责人（签　章）	李志刚
研发支出	资本化支出	5 100.00		
应交税费	增值税	663.00	审查意见	同意报销
		转账付讫		
			报销人	张　青
报销金额合计		￥5 763.00		
核实金额（大写）：伍仟柒佰陆拾叁元整					
借款数		应退数	应补金额：￥5 763.00	
列支渠道		试制新产品			

审核：张成栋　　　　　　　　　　　　　　出纳：陈　芳

图 3-6-4（$\frac{5}{5}$）

发明专利证书

发明名称：滴滴香白酒生产专利

发明人：东方啤酒公司

专利号：SL08113456　　估计专利主分类号：C05D26S02

专利申请日：2020年6月30日

专利权人：东方啤酒公司

授权公告日：2020年12月22日

证书号　第151164号

本发明已由本局依照专利法进行审查，决定于2020年12月22日授予专利权，颁发本证书并在专利登记薄上予以登记。专利权自证书颁发之日起生效。

本专利的专利权期限为十五年，自申请日起算。专利权人应当依照专利法及其实施细则规定缴纳年费。缴纳本专利年费的期限是每年1月31日前一个月内。未按照规定缴纳年费的，专利权自应当缴纳年费期满之日起终止。

专利证书记载专利权登记时的法律状况。专利权的转让、继承、撤销、无效、终止和专利权人的姓名或名称、国籍、地址变更等事项记载在专利登记薄上。

局长　张大力

中华人民共和国专利局

2020年12月22日

图 3-6-5（$\frac{1}{3}$）

第3章 模拟公司会计业务（原始凭证部分）

中国建设银行
转账支票存根　（滇）
$\frac{EX}{02}$ 03302550

附加信息：_____
_____
_____

出票日期	2020 年 12 月 22 日
收款人：	国家知识产权局
金　额：	20 000.00 元
用　途：	注册登记费

单位主管 张成栋　会计 李 松

图 3-6-5（$\frac{2}{3}$）

5300152250

云南省增值税普通发票

No 52147914

开票日期：2020年12月22日

购货单位	名　　称：	东方啤酒公司	密码区	154312-3-578<1+45*54*357159
	纳税人识别号：	677856432198769		163312><8182*69*08814258357
	地　址、电话：	丽都市永顺路88号　6885688		加密版本:02
	开户行及账号：	建行丽都市支行675843218977027		<4<2*1702-8> 8*+<142< /0 475403003012
				* 6/5*> > 2-3*0/8> >　2564378715963

货物或应税劳务、服务名称	规格型号	单位	数量	单价	金额	税率	税额
注册登记费					18 867.92	6%	1 132.08
合　计					￥18 867.92		￥1 132.08

价税合计（大写）	贰万元整	（小写）￥20 000.00

销货单位	名　　称：	恒阳区国家税务局 代开专票特殊纳税人	备注	代开企业名称：丽都市国家知识产权局
	纳税人识别号：	5678522252257151　（代开机关）		
	地　址、电话：	丽都市学府路89号　6865368		
	开户行及账号：	工行学府路支行254325486763222		

收款人：徐自平　　复核：李力南　　开票人：张一娇　　销货单位：（章）

图 3-6-5（$\frac{3}{3}$）

- 179 -

无形资产转让损益计算表

2020年12月25日

项　目	购入成本	累计摊销	售　价	增值税 税　率	增值税 税　额	转让损益

图 3-6-6($\frac{1}{4}$)

专利权转让合同

转让方名称：丽都市东方啤酒公司
受让方名称：贵州大力啤酒有限公司

前言(鉴于条款)

——鉴于转让方丽都市东方啤酒公司拥有啤酒普通灌装技术。
——鉴于受让方贵州大力啤酒有限公司对上述专利权的了解，希望获得该专利权。
——鉴于转让方同意将其拥有的专利权转让给受让方。双方一致同意签订本合同。

第一条　转让方向受让方交付资料
啤酒普通灌装专有技术的全部相关资料。

第二条　交付资料的时间、地点及方式
1. 交付资料的时间
合同生效后，转让方收到受让方支付给转让方的转让费后2日内，转让方向受让方交付合同第一条所述的全部资料。
2. 交付资料的方式和地点
转让方将上述全部资料以面交方式递交给受让方。

第三条　转让费及支付方式
本合同涉及的专利权的转让费为300 000.00，采用一次付清方式，在合同生效之日起5日内，受让方将转让费全部汇至转让方的账号。

第四条　违约及索赔
对转让方：
转让方拒不交付合同规定的全部资料，办理专利权转让手续的，受让方有权解除合同，要求转让方返还转让费，并支付违约金。
对受让方：
受让方拒付转让费，转让方有权解除合同要求返还全部资料，并要求赔偿其损失或支付违约金30万。

第五条　争议的解决办法
1. 双方在履行合同中发生争执的，应按本合同条款，友好协商，自行解决。
2. 双方不能协商解决争议的，提请受让方所在地或合同签约地专利管理机关调处，对调处结果不服的，向法院起诉。

甲方：丽都市东方啤酒公司　　　　　　乙方：贵州大力啤酒有限公司
法人代表：王高平　　　　　　　　　　法人代表：寸明伟
账号：建行丽都市支行675843218977027　账号：建行贵阳市支行546843218984689
电话：6885688　　　　　　　　　　　电话：5786968
地址：丽都市永顺路88号　　　　　　　地址：贵阳市幸福路22号
签约日期：2020年12月20日　　　　　　签约日期：2020年12月20日

注：此凭证不作为记账依据

图 3-6-6($\frac{2}{4}$)

中国建设银行信汇凭证 （收账通知） 4

委托日期：2020年12月20日

汇款人	全　　称	贵州大力啤酒有限公司	收款人	全　　称	丽都市东方啤酒公司
	账　　号	546843218984689		账　　号	675843218977027
	汇出地点	贵州省贵阳市		汇入地点	云南省丽都市
	汇出行名称	建行贵阳市支行		汇入行名称	建行丽都市支行

金额	人民币（大写）叁拾壹万捌仟元整	百 十 万 千 百 十 元 角 分
		¥ 3 0 0 0 0 0 0 0

汇入行签章：中国建设银行云南省分行 丽都支行 转讫

支付密码

附加信息及用途

复核　　记账

此联是汇入行给收款人的收账通知

图 3-6-6 (3/4)

5201896335

云南省增值税普通发票

此联不作报销、扣税凭证使用

No 00206062

开票日期：2020年12月25日

购货单位	名　　称：贵州大力啤酒有限公司
	纳税人识别号：667852210589476
	地　址、电　话：贵阳市幸福路 22 号　5786968
	开户行及账号：建行贵阳市支行 546843218984689

密码区：
22154312-3-578<1+45*54*5287413
163312><8182*69*08814358674253
　　　　　　　　　　　　加密版本：02
<4<2*1702-8> 8*+<142< /0 570418561
* 6/5*> > 2-3*0/8> >   206057521457

货物或应税劳务、服务名称	规格型号	单位	数量	单价	金额	税率	税额
啤酒普通灌装技术					300 000.00		
合　　计					¥300 000.00		

价税合计（大写）	叁拾万元整	（小写）¥300 000.00

销货单位	名　　称：东方啤酒公司	备注
	纳税人识别号：677856432198769	
	地　址、电　话：丽都市永顺路 88 号　6885688	丽都市东方啤酒公司 发票专用章
	开户行及账号：建行丽都市支行 675843218977027	

收款人：陈芳　　　复核：李松　　　开票人：张平　　　销货单位：（章）

第一联　记账联　销货方记账凭证

图 3-6-6 (4/4)

第 3 章 模拟公司会计业务（原始凭证部分）

实训七 职工薪酬

费 用 报 销 单

报销日期：2020年12月3日　　　　　　　　　　　　　附件1张（略）

费用项目	类别	金额	单位负责人（签章）	刘立强
应付职工薪酬	职工教育经费	1 886.80		
应交税费	增值税	113.20	审查意见	同意报销
		现金付讫	报销人	王丽丽
报销金额合计		¥2 000.00		

核实金额（大写）：贰仟元整

借款数	应退数	应补金额：¥2 000.00
列支渠道		继续教育培训费

审核：张成栋　　　　　出纳：陈　芳

图 3-7-1（1/3）

5360152256　　　　　　云南省增值税专用发票　　　　　No 28643381
　　　　　　　　　　　　　抵扣联　　　　　　　　　　开票日期：2020年12月3日

购货单位	名　　　　称：	东方啤酒公司	密码区	8634312-3-578<1+45*54*247269 163312><8182*69*08814159357 加密版本:02 <4<2*1702-8> 8*+<142< /0 4700030030 * 6/5*> > 2-3*0/8> > 2564378721258
	纳税人识别号：677856432198769			
	地址、电话：丽都市永顺路88号 6885688			
	开户行及账号：建行丽都市支行675843218977027			

货物或应税劳务、服务名称	规格型号	单位	数量	单价	金额	税率	税额
继续教育培训费		人	5	377.36	1 886.80	6%	113.20
合　计					¥1 886.80		¥113.20

价税合计（大写）	贰仟元整	（小写）¥2 000.00

销货单位	名　　　　称：恒阳区国家税务局 　　　　　　　　代开专票特殊纳税人	代开企业名称：丽都市职校
	纳税人识别号：5678522252257151　（代开机关）	备注
	地址、电话：丽都市学府路89号 6865368	丽都市职校 财务专用章
	开户行及账号：工行学府路支行 254325486763222	

第二联 抵扣联 购货方扣税凭证

收款人：何国涛　　复核：王成坤　　开票人：王伟立　　销货单位：（章）

图 3-7-1（2/3）

- 185 -

5360152256

云南省增值税专用发票

发票联

No 28643381

开票日期：2020年12月3日

购货单位	名　　　称：东方啤酒公司
	纳税人识别号：677856432198769
	地　址、电　话：丽都市永顺路88号　6885688
	开户行及账号：建行丽都市支行675843218977027

密码区：
8634312-3-578<1+45*54*247269
163312><8182*69*08814159357
加密版本:02
<4<2*1702-8> 8*+<142< /0 4700030030
* 6/5*> > 2-3*0/8> >　2564378721258

货物或应税劳务、服务名称	规格型号	单位	数量	单价	金额	税率	税额
继续教育培训费		人	5	377.36	1 886.80	6%	113.20
合　　计					¥1 886.80		¥113.20
价税合计（大写）　　贰仟元整					（小写）¥2 000.00		

销货单位	名　　　称：恒阳区国家税务局	备注	代开企业名称：丽都市职校
	代开专票特殊纳税人		
	纳税人识别号：5678522252257151　（代开机关）		丽都市职校
	地　址、电　话：丽都市学府路89号　6865368		财务专用章
	开户行及账号：工行学府路支行 254325486763222		

收款人：何国涛　　　复核：王成坤　　　开票人：王伟立　　　销货单位：（章）

图 3-7-1（$\frac{3}{3}$）

费 用 报 销 单

报销日期：2020年12月5日　　　　　　　　　　　　　　　　　附件1张（略）

费用项目	类别	金额	单位负责人（签 章）	刘立强
应付职工薪酬	工会经费	9 500.00		
			审查意见	同意报销
			报销人	姚小平
报销金额合计		¥9 500.00		
核实金额（大写）：玖仟伍佰元整				
借款数 10 000.00		应退数 500.00	应补金额	
列支渠道		冬运会支出		

审核：张成栋　　　　　　　　　出纳：陈　芳

图 3-7-2（$\frac{1}{2}$）

收 据

收到：姚小平　　　　　　2020年12月5日　　　　　　　　　　　　250110

摘　　　要	金　　　　　额										第三联 记账联
	千	百	十	万	千	百	十	元	角	分
退回多余借款					¥	5	0	0	0	0
合计人民币(大写) 伍佰元整										
备注：工会活动费余款										

收款单位(财务公章)　　　会计：李　松　　　收款人：陈　芳　　　经手人：姚小平

（现金收讫）

图 3-7-2 ($\frac{2}{2}$)

工资结算汇总表

2020年11月30日　　　　　　　　　　　　　　　　　　　　单位：元

部门			应付工资					代扣款项					实发工资
			基本工资	岗位工资	奖金	津贴补贴	合计	房租	电费	社保基金	住房公积金	合计	
行政管理人员			150 000	75 000	50 000	25 000	300 000	6 000	4 000	30 000	30 000	70 000	230 000
生产成本	高 || 35 000	14 000	8 000	6 000	63 000	1 000	600	6 300	6 300	14 200	48 800
	低 || 48 000	26 000	14 000	11 000	99 000	2 200	1 100	9 900	9 900	23 100	75 900
	罐 || 37 000	21 000	11 000	9 000	78 000	1 300	800	7 800	7 800	17 700	60 300
	合 || 120 000	61 000	33 000	26 000	240 000	4 500	2 500	24 000	24 000	55 000	185 000
车间管理人员			10 000	5 000	3 000	2 000	20 000	500	300	2 000	2 000	4 800	15 200
销售机构人员			20 000	10 000	6 000	4 000	40 000	900	600	4 000	4 000	9 500	30 500
合计			300 000	151 000	92 000	57 000	600 000	11 900	7 400	60 000	60 000	139 300	460 700

（转账付讫）

图 3-7-3 ($\frac{1}{2}$)

第3章 模拟公司会计业务（原始凭证部分）

中国建设银行
转账支票存根 （滇）

$\frac{E}{0}\frac{X}{2}$ 03302535

附加信息 _____
_____
_____

出票日期 2020 年 12 月 7 日

收款人：	东方啤酒公司
金　额：	460 700.00 元
用　途：	发放 11 月份工资

单位主管 张成栋　会计 李 松

图 3-7-3($\frac{2}{2}$)

社会保障基金

同城特约委托收款凭证 （付款通知）　5

委托日期：2020年12月7日　　　　委托单位编号：035644

付款人	全 称	东方啤酒公司	收款人	全 称	丽都市社会保障局	此联是付款人开户银行给付款人按期付款的通知
	账 号 或 地 址	677856432198769		账 号	567856432135462	
	开户银行	建行丽都市支行		开户银行	中国工商银行丽都市支行	

金 额	人民币(大写) 壹拾贰万元整	千	百	十	万	千	百	十	元	角	分
		￥	1	2	0	0	0	0	0	0	0

款项内容	社会保障基金	委托收款凭据名称	委托收款	附寄单证张数	中国建设银行云南省分行丽都支行

备注：2020 年 12 月至 2020 年 12 月
滞纳金：　　　逾期：　　天,按规定标准计量
金额中包括：个人 60 000 元,单位 60 000 元。

付款人开户行签章
2020 年 12 月 7 日

图 3-7-4($\frac{1}{4}$)

住房公积金

同城特约委托收款凭证（付款通知） 5

委托日期：2020年12月7日　　　　委托单位编号：026421

付款人	全　称	东方啤酒公司	收款人	全　称	丽都市住房公积金管理中心
	账号或地址	677856432198769		账　号	677856432156324
	开户银行	建行丽都市支行		开户银行	建行兰华路支行

金额	人民币（大写）壹拾贰万元整	千	百	十	万	千	百	十	元	角	分
			¥	1	2	0	0	0	0	0	0

款项内容	住房公积金	委托收款凭据名称	委托收款	附寄单证张数	中国建设银行云南省分行 丽都支行 付款人开户行签章 2020年12月7日

备注：2020年12月至2020年12月
滞纳金：　　　逾期：　　天，按规定标准计量
金额中包括：个人60 000元，单位60 000元。

图 3-7-4（2/4）

此联是付款人开户银行给付款人按期付款的通知

中国建设银行　（滇）
转账支票存根
$\frac{E}{0}\frac{X}{2}$ 03302536

附加信息
_____
_____

出票日期 2020 年 12 月 7 日

收款人：	丽都市社会保障局
金　额：	120 000.00 元
用　途：	交纳社保基金
单位主管 张成栋	会计 李　松

图 3-7-4（3/4）

中国建设银行　（滇）
转账支票存根
$\frac{E}{0}\frac{X}{2}$ 03302537

附加信息
_____
_____

出票日期 2020 年 12 月 7 日

收款人：	丽都市住房公积金管理中心
金　额：	120 000.00 元
用　途：	交纳住房公积金
单位主管 张成栋	会计 李　松

图 3-7-4（4/4）

工 会 决 议

丽都市东方啤酒公司：

工会员工代表大会审议并通过为本公司遭受火灾损失的员工刘洪波给予1 000.00元生活困难补助。

丽都市东方啤酒公司工会
2020年12月7日

图 3-7-5（$\frac{1}{2}$）

领 款 单

2020年12月8日

部　门	酿造车间	姓名	刘红波	领款用途	困难补助
领款金额	人民币（大写）壹仟元整		（小写）¥1 000.00		
实际报销金额		结余金额	现金付讫	负责人审核意见	同意领款 李志刚
		超支金额			
备注	职工福利费			结账日期	2020 年 12 月 8 日

财务主管　张成栋　　　会计　李 松　　　出纳　陈 芳　　　领款人签章　刘红波

图 3-7-5（$\frac{2}{2}$）

费 用 报 销 单

报销日期：2020年12月8日　　　　　　　　　　　　　　　附件2张（略）

费用项目	类别	金额	单位负责人（签 章）	刘立强
应付职工薪酬	职工福利费	1 100.00		
			审查意见	同意报销
		现金付讫		
			报销人	李海强
报销金额合计		¥1 100.00		
核实金额（大写）：壹仟壹佰元整				
借款数	应退数	应补金额：¥1 100.00		
列支渠道		探亲路费		

审核：张成栋　　　　　　出纳：陈 芳

图 3-7-6（$\frac{1}{1}$）

- 195 -

实训八　资金筹集

流动资金借款申请书

2020年12月11日

企业名称：东方啤酒公司　　　　　　　　所有制性质：股份制

申请借款金额	260 000.00 元
借款用途	流动资金周转需要
借款期限	3个月
还款资金来源	销货款
申请企业：东方啤酒公司	负责人：刘立强
经办行审批意见：同意借款	

图 3-8-1（$\frac{1}{3}$）

信用借款合同

经中国建设银行丽都市支行(下称贷款方)与东方啤酒公司(下称借款方)充分协商，根据《借款合同条例》和中国建设银行的有关规定签订本合同，共同遵守。

第一条　自 2020 年12月16日 起，由贷款方向借款方提供流动资金短期借款(种类)贷款(大写) 贰拾陆万元，用于流动资金周转需要，还款期限至2021年3月16日止，利率按年息5%计算。如遇国家贷款利率调整，按调整后的新利率和计息方法计算。

第二条　贷款方应在符合国家信贷政策、计划的前提下，按期、按额向借款方提供贷款。否则，应按违约数额和延期天数付给借款方违约金。违约金数额的计算，与逾期贷款的加息同。

第三条　借款方愿遵守贷款方的有关贷款办法规定，并按本合同规定用途使用贷款。否则，贷款方有权停止发放贷款，收回或提前收回已发放的贷款。对违约部分，按规定加收5%利息。

第四条　借款方保证按期偿还贷款本息。利息到期一次归还。如需延期，借款方必须在贷款到期前提出书面申请，经贷款方审查同意，签订延期还款协议。借款方不申请延期或双方签订延期还款协议的，从逾期之日起，贷款方按规定加收 5% 的利息，并可随时从借款方存款账户中直接扣收逾期贷款本息。

借款方：东方啤酒公司　　　　　　　　　　贷款方：中国建设银行丽都支行

法人代表：王高平　　　　　　　　　　　　负责人：刘小丽
账号：建行丽都市支行 675843218977027　　经办人：陈　程
电话：6885688　　　　　　　　　　　　　　电话：6785686
地址：丽都市永顺路88号　　　　　　　　　地址：丽都市永福路22号
签约日期：2020年12月15日　　　　　　　　签约日期：2020年12月15日

注：此凭据不作为记账依据。

图 3-8-1（$\frac{2}{3}$）

贷款凭证 （3）（收账通知）

2020年12月16日

贷款单位	东方啤酒公司	种类	短期	贷款户账号	675843218977338							
金额	人民币(大写)贰拾陆万元整				千	百	十	万	千	百	十	元	角	分
					¥		2	6	0	0	0	0	0	0

用途	流动资金周转借款	单位申请期限	自 2020 年 12 月 15 日起至 2021 年 3 月 15 日
		银行核定期限	自 2020 年 12 月 16 日起至 2021 年 3 月 16 日

上述贷款已核准发放,并已划入你单位账号 建设银行云南省分行 丽都支行 转讫	单位会计分录
	收入
	付出
年利率 5% 2020 年 12 月 16 日	复核 记账
银行签章	主管 会计

图 3-8-1($\frac{3}{3}$)

中国建设银行 进账单 （收账通知） 3

2020年12月17日   第　号

出票人	全称	新发证券有限公司	收款人	全称	东方啤酒公司	此联是收款人开户银行交给收款人的收账通知
	账号	675843215789012		账号	675843218977027	
	开户银行	建行丽都市支行		开户银行	建行丽都市支行	

金额	人民币(大写) 壹佰壹拾肆万元整	亿	千	百	十	万	千	百	十	元	角	分
			¥	1	1	4	0	0	0	0	0	0

票据种类	转账支票	票据张数	1	中国建设银行云南省分行 丽都支行 转讫
票据号码		4596124		
				收款人开户银行盖章 2020 年 12 月 17 日
单位主管 会计 复核 记账				

图 3-8-2($\frac{1}{3}$)

关于同意东方啤酒公司注册资本金变更的批复

丽都工商【2020】51号

东方啤酒公司:

    你公司《关于要求变更资质证书注册资本金的请示》已收悉。经审核,上报材料符合股份制企业资质管理有关规定,同意你公司注册资本金增加100万元。

丽都市工商行政管理局
2020年12月17日

图 3-8-2($\frac{2}{3}$)

证券发行结算清单

2020年12月17日

企业名称	东方啤酒公司
面　值	1.00
数　量	1 000 000 股
单　价	1.20 元
总　价	1 200 000.00 元
发行费用	60 000.00 元
发行净额	1 140 000.00 元

新发证券有限公司

图 3-8-2($\frac{3}{3}$)

信用借款合同

经中国建设银行丽都市支行(下称贷款方)与东方啤酒公司(下称借款方)充分协商,根据《借款合同条例》和中国建设银行的有关规定签订本合同,共同遵守。

第一条　自2020年12月18日起,由贷款方向借款方提供长期借款(种类)贷款(大写)壹佰万元,用于固定资产的购建,还款期限至2023年12月18日止,利率按年息8%计算。如遇国家贷款利率调整,按调整后的新利率和计息方法计算。

第二条　贷款方应在符合国家信贷政策、计划的前提下,按期、按额向借款方提供贷款。否则,应按违约数额和延期天数付给借款方违约金。违约金数额的计算,与逾期贷款的加息同。

第三条　借款方愿遵守贷款方的有关贷款办法规定,并按本合同规定用途使用贷款。否则,贷款方有权停止发放贷款,收回或提前收回已发放的贷款。对违约部分,按规定加收10%利息。

第四条　借款方保证按期偿还贷款本息。利息于每年1月1日支付。如需延期,借款方必须在贷款到期前提出书面申请,经贷款方审查同意,签订延期还款协议。借款方不申请延期或双方签订延期还款协议的,从逾期之日起,贷款方按规定加收 10% 的利息,并可随时从借款方存款账户中直接扣收逾期贷款本息。

借款方：东方啤酒公司　　　　　　　　　　贷款方：中国建设银行丽都市支行

法人代表：王蕴平　　　　　　　　　　　　负责人：吕　林
账号：建行丽都市支行 675843218977027　　经办人：谭月新
电话：6885688　　　　　　　　　　　　　 电话：6784868
地址：丽都市永顺路88号　　　　　　　　　地址：丽都市永福路22号
签约日期：2020年12月17日　　　　　　　　签约日期：2020年12月17日

注：此凭据不作为记账依据。

图 3-8-3($\frac{1}{3}$)

长期借款申请书

2020年12月13日

企业名称：东方啤酒公司　　　　　　　　所有制性质：股份制

申请借款金额	1 000 000.00 元
借款用途	购建固定资产
借款期限	3 年
还款资金来源	销货款
申请企业：东方啤酒公司	负责人：刘立强
经办行审批意见：同意借款	

图 3-8-3（$\frac{2}{3}$）

贷款凭证　（3）（收账通知）

2020年12月18日

贷款单位	东方啤酒公司	种类	长期	贷款户账号	675843218977546								
金　额	人民币（大写）壹佰万元整				千	百	十	万	千	百	十	元	角	分
					￥	1	0	0	0	0	0	0	0	0
用　途	购建固定资产	单位申请期限	自 2020 年 12 月 16 日起至 2023 年 12 月 16 日
		银行核定期限	自 2020 年 12 月 18 日起至 2023 年 12 月 18 日
上述贷款已核准发放。并以划入你单位账号。	单位会计分录
	收入
	付出
年利率8%　　　2020 年 12 月 18 日	复核　　　　　　记账
银行签章	主管　　　　　　会计

图 3-8-3（$\frac{3}{3}$）

资产评估报告

云南晓明会计师事务所评报字【2020】第 249 号

云南晓明会计师事务所接受南方新隆公司的委托,根据国家有关资产评估的规定,本着独立、公正、科学、客观的原则,按照公认的资产评估方法对南方新隆公司的全部资产和负债进行了实地查勘、市场调查与询证,现将资产评估情况及评估结果报告如下:

五、委托方简介
委托方:南方新隆公司
注册地址:丽都市太平路22号
法定代表人:刘川
经济性质:股份有限公司
注册资金:3 000万元
工商登记号码:532146578954312
经营范围:钢材生产

六、评估目的
南方新隆公司拟以该仓库投资,为此需要进行评估,以评估后净资产的公允价值作为参考依据。

七、评估范围和对象

委托评估的账面价值和公允价值统计表　　单位:万元

项目	账面价值	公允价值
仓库	300	320

八、评估报告书的法律效力

本次评估结论是反映评估对象在本次评估目的下,根据公开市场的原则确定的现行公允市价,没有考虑将来可能承担的抵押、担保事宜,以及特殊的交易方可能追加付出的价格等对评估价格的影响,同时,本报告也未考虑国家宏观经济政策发生变化以及遇有自然力和其他不可抗力对资产价格的影响,本次评估有效期限为一年,自 2020年12月14日起至2017年12月14日止,超过一年,需重新进行资产评估。

晓明会计师事务所
法定代表人:晓明
注册资产评估师:唐晓明
2020年12月14日

图 3-8-4($\frac{1}{4}$)

股权投资协议

投资方:南方新隆公司
被投资方:东方啤酒公司

投资方与被投资方经过充分协商,在平等自愿的基础上,投资方南方新隆公司以仓库投资,公允价值320万元投资东方啤酒公司,获得300万股份。

甲方:南方新隆公司　　　　　　　　　乙方:东方啤酒公司
法人代表:徐有华　　　　　　　　　　法人代表:王高平
签约日期:2020年12月16日　　　　　签约日期:2020年12月16日

图 3-8-4($\frac{2}{4}$)

股东持股证明书

股东：<u>南方新隆公司</u>

截止<u>2020</u>年<u>12</u>月<u>19</u>日依股东名册记载持有本公司股份总数为 <u>300万</u> 股。

此　致

东方啤酒公司
2020年12月19日

图 3-8-4($\frac{3}{4}$)

固定资产移交使用报告单

2020年12月19日

名　称	规格型号	单　位	数　量	设备价款	移交单位
仓　库		m²	1 800	3 200 000.00	物流部
合　计					
备　注					

使用部门主管：<u>曲　榕</u>　　　　会计：<u>李　松</u>　　　　制单：<u>郭清泉</u>

图 3-8-4($\frac{4}{4}$)

东方啤酒公司关于发行企业债券的请示

丽都市发展和改革委员会：

　　为适应国民经济发展的要求，根据公司发展战略要求以及建设项目资金需求，我公司特申请发行企业债券叁佰万元人民币，期限3年，筹集资金全部用于生产车间建设项目。

　　附：申请发债企业基本情况

　　公司简介

　　1. 公司名称：东方啤酒公司
　　2. 地　址：丽都市永顺路88号
　　3. 法人代表：王高平
　　4. 注册资本：6 400万元
　　5. 经济性质：国有控股

　　　妥否，请批示。

同意发行
丽都市发展和改革委员会
2020年12月2日

东方啤酒公司
2020年11月12日

图 3-8-5($\frac{1}{4}$)

债券发行承销协议

债券发行人(以下称甲方)：东方啤酒公司

债券承销人(以下称乙方)：新发证券有限公司

甲方经中国人民银行批准,采用招投标方式发行"东方啤酒公司企业债券"(以下简称债券),负责债券招投标发行的组织工作;乙方自愿成为该种债券承销商,承诺参与投标,并履行承购包销义务。

根据《中华人民共和国经济合同法》和中国人民银行的有关规定,甲乙双方经协商一致,签订本协议。

第一条　债券种类与数额

甲方根据其资金状况,经中国人民银行批准,分批确定发行数量为300万份,面值300万元,票面利率6%,发行价格300万元。乙方承销数量包括中标数量和承销基本额度。

第二条　承销方式

乙方采用承购包销方式承销债券。

第三条　承销期

债券承销期为2年。

第四条　承销款项的支付

乙方应按中标通知书的要求,将债券承销款项及时足额划入甲方指定的银行账户。

第五条　发行手续费的支付

甲方按发行价格的5‰向乙方支付发行手续费,该费用由甲方收到乙方承销款后十个营业日内划至乙方指定的银行账户。

第六条　登记托管

债券采用无纸化发行,新发证券有限责任公司负责债券的登记托管。

第七条　违约责任

乙方如未能依约支付承销款项,则应按未付部分每日万分之五的比例向甲方支付违约金,未付款部分和违约金甲方可从应支付给乙方的其他债券的本息中扣除;缴款逾期十天以上的,甲方可取消乙方未付款项部分的承销额度,乙方自动丧失承销商资格,但对已承销的债券仍应按本协议承担义务;

乙方如借承销债券之机超冒分销债券,超冒分销部分甲方不予确认,责任由乙方承担。甲方保留单方面终止其承销商资格的权利;

甲方如未依约履行债券还本付息义务,则应按未付部分每日万分之五的比例向乙方支付违约金。

乙方如未按发债条件承担分配的基本承销额度,或连续三次不参与投标或未按规定进行有效投标的,则视为自动放弃承销商资格。

第八条　附则

1. 本协议正式文本一式贰份,甲乙双方各执一份。
2. 本协议经双方法定代表人或其授权的代理人签字并加盖公章后生效。

甲方：东方啤酒公司　　　　　　　　　乙方：新发证券有限公司

法定代表人签字：王高平　　　　　　　法定代表人签字：陈强

签订日期：2020年12月16日　　　　　　签订日期：2020年12月16日

图 3-8-5($\frac{2}{4}$)

证券发行结算清单

2020年12月19日

企业名称		东方啤酒公司
企业债券	面 值	3 000 000.00
	数 量	3 000 000 万份
	单 价	1.00 元
	总 价	3 000 000.00 元
发行费用		15 000.00 元
发行净额		2 985 000.00 元

新发证券有限公司

图 3-8-5（$\frac{3}{4}$）

中国建设银行 进账单（收账通知）3

2020年12月19日　　　　第　号

出票人	全 称	新发证券有限公司	收款人	全 称	东方啤酒公司
	账 号	675843215789012		账 号	675843218977027
	开户银行	建行丽都市支行		开户银行	建行丽都市支行

金额	人民币（大写）贰佰玖拾捌万伍仟元整	亿 千 百 十 万 千 百 十 元 角 分
		￥ 2 9 8 5 0 0 0 0 0

票据种类	转账支票	票据张数	1
票据号码		4596126	

收款人开户银行盖章
2020年12月19日

单位主管　　会计　　复核　　记账

图 3-8-5（$\frac{4}{4}$）

借 款 利 息 计 算 表

表3-9-1　　　　2020年12月20日

项 目	借款本金	年利率	借款期限	应付利息
建设银行短期借款	300 000.00	5%	20天（2020年9月20日借入）	
合计				

图 3-8-6（$\frac{1}{2}$）

— 211 —

建设银行丽都支行本息结算清单

2020年12月20日

收款单位	账　号	530000510002345	付款单位	账　号	675843218977027
	户　名	建设银行丽都支行		户　名	东方啤酒公司
	开户银行	建设银行丽都支行		开户银行	建行丽都市支行
本金：	300 000.00		利率：5%		利息：3 750.00
备注：归还本息			科目： 双方科目： 复核员：　　　记账员：		

（中国建设银行云南省分行 丽都支行）

图 3-8-6（2/2）

实训九　收入、费用和利润

商品购销合同

合同号：2020—153
甲方（购货方）：丽都市红杏商场
乙方（销货方）：丽都市东方啤酒公司
本着平等互利的原则，经双方协商，共同订立如下合同：
一、双方必须有合法的营业执照，乙方所供商品必须有合法商标，根据不同商品分别提供生产、经营许可证、注册商标证、产品合格证、进口商品检验证等。
二、甲方向乙方订购以下商品：

序号	商品名称	规格型号	计量单位	数量	单价	金　额
	高端瓶装啤酒		件	1 600	48.60	77 760.00
	低端瓶装啤酒		件	1 600	32.40	51 840.00
	罐装啤酒		件	1 600	144.00	230 400.00
	合计					360 000.00

三、到货时间：乙方在10日内发货，货物由乙方送达购货方。
四、货款结算：瓶装啤酒享受九折优惠。乙方同意甲方暂欠货款，但税款采用委托收款方式结算。
五、合同一式　贰　份，双方盖章后生效。如违约须赔偿对方损失，按价款　30%　赔款，不可抗力除外。本合同在履行过程中，若发生纠纷或异议，双方协调解决。
甲方：丽都市红杏商场　　　　　　　　　乙方：丽都市东方啤酒公司
法人代表：张立平　　　　　　　　　　　法人代表：王高平
账号：建行西路支行 675843215008145　　账号：建行丽都市支行 675843218977027
电话：6534216　　　　　　　　　　　　电话：6885688
地址：丽都市幸福路52号　　　　　　　　地址：丽都市永顺路88号
签约日期：2020年12月1日　　　　　　　签约日期：2020年12月1日

注：此凭证不作为记账依据

图 3-9-1（1/5）

第 3 章 模拟公司会计业务（原始凭证部分）

云南省增值税专用发票

5201896335　　　　　　　　　　　　　　　　　　　　　　　　　　　　No　00206051

此联不作报销、扣税凭证使用　　　　　　　　　　　　开票日期：2020年12月1日

购货单位	名　　称：红杏商场 纳税人识别号：677855321468345 地　址、电　话：丽都市幸福路52号　6534216 开户行及账号：建行西路支行　675843215008145	密码区	154312-3-578<1+45*54* 163312><8182*69*08814 　　　　　　　加密版本：02 <4<2*1702-8> 8*+<142< /0 2361758954 * 6/5*> > 2-3*0/8> >　00206051

货物或应税劳务、服务名称	规格型号	单位	数量	单价	金　额	税率	税　额
高端瓶装啤酒		件	1 600	48.60	77 760.00	13%	10 108.80
低端瓶装啤酒		件	1 600	32.40	51 840.00	13%	6 739.20
罐装啤酒		件	1 600	144.00	230 400.00	13%	29 952.00
合　　计					￥360 000.00		￥46 800.00
价税合计（大写）	肆拾万零陆仟捌佰元整				（小写）￥406 800.00		

销货单位	名　　称：东方啤酒公司 纳税人识别号：677856432198769 地　址、电　话：丽都市永顺路88号　6885688 开户行及账号：建行丽都市支行　675843218977027	备注	

收款人：陈　芳　　　复核：李　松　　　开票人：张　平　　　销货单位：（章）

图 3-9-1（$\frac{2}{5}$）

产 成 品 出 库 单

用途：出售　　　　　　　2020年12月1日　　　　　凭证编号：301201
　　　　　　　　　　　　　　　　　　　　　　　　　产成品库：1号库

类别	编号	名　称	单位	数量	单位成本	总成本	附注
		高端瓶装啤酒	件	1 600			
		低端瓶装啤酒	件	1 600			
		罐装啤酒	件	1 600			
		合　计					

会计：李　松　　　　　保管：王晓兵　　　　　制单：李　森

图 3-9-1（$\frac{3}{5}$）

托 收 凭 证（受理回单）　　　1

委托日期：2020年12月1日

业务类型	委托收款(☑邮划 □电划)			托收承付(□邮划 □电划)			
付款人	全称	红杏商场		收款人	全称	东方啤酒公司	
	账号	675843215008145			账号	675843218977027	
	地址	云南省丽都市县	开户行	建行西路支行	地址	云南省丽都市县	开户行	建行丽都支行
金额	人民币(大写) 肆万陆仟捌佰元整			亿 千 百 十 万 千 百 十 元 角 分 ¥　　　　4 6 8 0 0 0 0			
款项内容	销项税额	托收凭据名称	委托收款	附寄单证张数	3张		
商品发运情况	已发运			合同名称号码	2020-153		
备注：		款项收妥日期 　　　年　月　日		收款人开户银行签章 2020年12月1日			
复核		记账					

（此联作收款人开户银行给收款人的受理回单）

盖章：中国建设银行丽都支行 业务专用章

图 3-9-1($\frac{4}{5}$)

关于红杏商场所欠东方啤酒公司货款情况说明

　　2020年12月1日，向红杏商场出售高端瓶装啤酒、低端瓶装啤酒和罐装啤酒各1 600件。但因红杏商场资金流发生暂时困难，估计此笔款项暂时无法收回，公司仅对增值税办妥托收手续。特此说明。

营销部：董立飞
财务部：张成栋
2020年12月1日

盖章：东方啤酒公司 业务专用章

图 3-9-1($\frac{5}{5}$)

开具红字增值税专用发票通知单

填开日期：2020年12月2日

<table>
<tr><td rowspan="2">销售方</td><td>名称</td><td>东方啤酒公司</td><td rowspan="2">购买方</td><td>名称</td><td>前进公司</td></tr>
<tr><td>税务登记代码</td><td>677856432198769</td><td>税务登记代码</td><td>677856432157844</td></tr>
<tr><td rowspan="3">开具红字发票内容</td><td>货物（劳务）名称</td><td>单价</td><td>数量</td><td>金额</td><td>税额</td></tr>
<tr><td>罐装啤酒</td><td>144</td><td>200</td><td>28 800.00</td><td>3 744.00</td></tr>
<tr><td>合计</td><td></td><td></td><td>28 800.00</td><td>3 744.00</td></tr>
<tr><td>说明</td><td colspan="5">需要作进项税转出 □
不需要作进项税转出 □
纳税人识别号认证不符 □
专用发票代码、号码认证不符 □
对应蓝字专用发票密码区内打印的代码:4700030030
号码:00206021
开具红字专用发票理由：所售商品与合同要求的包装不符,折让5%。</td></tr>
</table>

经办人： 陈 安　　　负责人： 范 义　　　主管税务机关名称（印章）

图 3-9-2（$\frac{1}{2}$）

5201896335

云南省增值税专用发票

此联不作报销、扣税凭证使用

No 00206052

开票日期：2020年12月2日

<table>
<tr><td rowspan="4">购货单位</td><td>名　　称：</td><td>前进公司</td><td rowspan="4">密码区</td><td rowspan="4">154312-3-578<1+45*54*
163312><8182*69*08814
加密版本:02
<4<2*1702-8> 8*+<142< /05647321805
* 6/5*>> 2-3*0/8>>　00206021</td></tr>
<tr><td>纳税人识别号：</td><td>677856432157844</td></tr>
<tr><td>地址、电话：</td><td>昆明市建设路22号　6534316</td></tr>
<tr><td>开户行及账号：</td><td>建行春城支行　675843215006759</td></tr>
<tr><td>货物或应税劳务、服务名称</td><td>规格型号</td><td>单位</td><td>数量</td><td>单价</td><td>金额</td><td>税率</td><td>税　额</td></tr>
<tr><td>罐装啤酒</td><td></td><td>件</td><td>200</td><td>144</td><td>1 440.00</td><td>13%</td><td>187.20</td></tr>
<tr><td>合　计</td><td></td><td></td><td></td><td></td><td>¥1 440.00</td><td></td><td>¥187.20</td></tr>
<tr><td colspan="2">价税合计（大写）</td><td colspan="4">壹仟陆佰贰拾柒元贰角整</td><td colspan="2">（小写）¥1 627.20</td></tr>
<tr><td rowspan="4">销货单位</td><td>名　　称：</td><td>东方啤酒公司</td><td rowspan="4">备注</td><td colspan="4" rowspan="4">对方享受5%的折让</td></tr>
<tr><td>纳税人识别号：</td><td>677856432198769</td></tr>
<tr><td>地址、电话：</td><td>丽都市永顺路88号　6885688</td></tr>
<tr><td>开户行及账号：</td><td>建行丽都市支行 675843218977027</td></tr>
</table>

收款人： 陈 芳　　　复核： 李 松　　　开票人： 张 平　　　销货单位：（章）

图 3-9-2（$\frac{2}{2}$）

第 3 章 模拟公司会计业务（原始凭证部分）

商品购销合同

合同号：2020—147
甲方（购货方）：丽都市杏花商场
乙方（销货方）：丽都市东方啤酒公司
本着平等互利的原则，经双方协商，共同订立如下合同：
一、双方必须有合法的营业执照，乙方所供商品必须有合法商标，根据不同商品分别提供生产、经营许可证、注册商标证、产品合格证、进口商品检验证等。
二、甲方向乙方订购以下商品：

序号	商品名称	规格型号	计量单位	数量	单价	金 额
	高端瓶装啤酒		件	3 500	48.60	170 100.00
	低端瓶装啤酒		件	3 500	32.40	113 400.00
	罐装啤酒		件	3 500	144.00	504 000.00
	合计					787 500.00

三、到货时间：乙方在10日内发货，货物由乙方送达购货方。
四、货款结算：预收货款。发货后余款采用委托收款方式进行结算。瓶装啤酒享受九折优惠。
五、合同一式 贰 份，双方盖章后生效。如违约须赔偿对方损失，按价款 30% 赔款，不可抗力除外。
本合同在履行过程中，若发生纠纷或异议，双方协调解决。

甲方：丽都市杏花商场
法人代表：张 学
账号：建行打电路支行 675843216514532
电话：6534145
地址：丽都市杏花路15号
签约日期：2020年11月25日

乙方：丽都市东方啤酒公司
法人代表：王高平
账号：建行丽都市支行 675843218977027
电话：6885688
地址：丽都市永顺路88号
签约日期：2020年11月25日

注：此凭证不作为记账依据

图 3-9-3($\frac{1}{4}$)

产 成 品 出 库 单

凭证编号：301202
用途：出售　　　　　　　2020年12月3日　　　　　产成品库：1号库

类别	编号	名称	单位	数量	单位成本	总成本	附注：
		高端瓶装啤酒	件	3 500			
		低端瓶装啤酒	件	3 500			
		罐装啤酒	件	3 500			
		合　计					

会计：李 松　　　　　保管：王晓兵　　　　　制单：李 森

第三联 记账联

图 3-9-3($\frac{2}{4}$)

第3章 模拟公司会计业务（原始凭证部分）

云南省增值税专用发票

5201896335　　　　　　　　　　　　　　　　　　　　　　　　No 00206053

此联不作报销、扣税凭证使用　　　　　　开票日期：2020年12月3日

购货单位	名　　称：杏花商场
	纳税人识别号：677855321336954
	地　址、电　话：丽都市幸福路52号 6534145
	开户行及账号：建行北路支行 675843216514532

密码区：
154312-3-578<1+45*54*
163312><8182*69*08814
加密版本：02
<4<2*1702-8> 8*+<142< /0 6547389021
* 6/5*> > 2-3*0/8> >　00206053

货物或应税劳务、服务名称	规格型号	单位	数量	单价	金额	税率	税额
高端瓶装啤酒		件	3 500	48.60	170 100.00	13%	22 113.00
低端瓶装啤酒		件	3 500	32.40	113 400.00	13%	14 742.00
罐装啤酒		件	3 500	144.00	504 000.00	13%	65 520.00
合　计					¥787 500.00		¥102 375.00
价税合计（大写）	捌拾捌万玖仟捌佰柒拾伍元整				（小写）¥889 875.00		

销货单位	名　　称：东方啤酒公司
	纳税人识别号：677856432198769
	地　址、电　话：丽都市永顺路88号 6885688
	开户行及账号：建行丽都市支行 675843218977027

收款人：陈　芳　　复核：李　松　　开票人：张　平　　销货单位：（章）

图 3-9-3（3/4）

托 收 凭 证（受理回单）　　　　　　1

委托日期：2020年12月3日

业务类型	委托收款（☑邮划 □电划）	托收承付（□邮划 □电划）

付款人	全　称	丽都市杏花商场	收款人	全　称	东方啤酒公司
	账　号	675843216514532		账　号	675843218977027
	地　址	云南省 丽都市县 开户行 建行北路支行		地　址	云南省 丽都市县 开户行 建行丽都支行

金额	人民币（大写）捌拾肆万玖仟捌佰柒拾伍元整	亿千百十万千百十元角分 ¥ 8 4 9 8 7 5 0 0

款项内容	销货款	托收凭据名称	委托收款	附寄单证张数	3张

商品发运情况	已发运	合同名称号码	2020-147

备注	款项收妥日期	收款人开户银行签章 2020年12月3日
复核　　记账	年　月　日	

图 3-9-3（4/4）

公告编号：临2020—040

东方啤酒公司五届十五次董事会决议公告

　　本公司及董事会全体成员保证公告内容的真实、准确和完整，没有虚假记载、误导性陈述或者重大遗漏。

　　东方啤酒公司五届十五次董事会会议通知于2020年12月1日，以书面、传真方式发给公司10名董事，会议于2020年12月4日在公司五楼会议室召开。应到董事10人，实到董事9人，1名董事办理了委托，王红独立董事委托杨力独立董事代其出席会议行使表决权，并在董事会决议上签字，符合《中华人民共和国公司法》和本公司章程的有关规定。会议由公司董事长王高平先生主持，公司监事、部分高管人员列席了本次会议。经审议，到会董事一致通过了如下决议：

　　会议以10票同意、0票反对、0票弃权的表决结果，审议通过了《东方啤酒公司关于向四川地震灾区捐款议案》。

　　本公司将向地震灾区捐款60 000元。

　　本公司关于向地震灾区捐款的事项不属重大关联交易事项，无须经过股东大会审批。免于按照相关规定披露和履行相应程序，符合云南证券交易所股票上市规则有关规定。

东方啤酒公司董事会
二〇二〇年十二月四日

图 3-9-4（$\frac{1}{3}$）

收　据

收到：东方啤酒公司　　　　　　2020年12月4日

摘　　要	千	百	十	万	千	百	十	元	角	分
地震捐款				¥	6	0	0	0	0	0
合计人民币(大写)　陆万元整										
备注										

收款单位(财务公章)　　会计：宣　阳　　收款人：林　雷　　经手人：姚松和

第三联　记账联

图 3-9-4（$\frac{2}{3}$）

```
          中国建设银行    （滇）
          转账支票存根
              $\frac{E}{0}\frac{X}{2}$ 03302532
          附加信息
          _____
          _____
          _____

          出票日期 2020 年 12 月 4 日
```

收款人：	丽都市民政局
金　额：	60 000.00 元
用　途：	地震捐款

单位主管 张成栋　会计 李　松

图 3-9-4($\frac{3}{3}$)

公告编号：临2020—041

东方啤酒公司五届十六次董事会决议公告

　　本公司及董事会全体成员保证公告内容的真实、准确和完整，没有虚假记载、误导性陈述或者重大遗漏。

　　东方啤酒公司五届十六次董事会会议通知于2020年5日，以书面、传真方式发给公司10名董事，会议于2020年12月5日在公司五楼会议室召开。应到董事 10人，实到董事9人，1名董事办理了委托，李小三独立董事委托杨力独立董事代其出席会议行使表决权，并在董事会决议上签字，符合《中华人民共和国公司法》和本公司章程的有关规定。会议由公司董事长王高平先生主持，公司监事、部分高管人员列席了本次会议。经审议，到会董事一致通过了如下决议：

　　会议以10票同意、0票反对、0票弃权的表决结果，审议通过了《东方啤酒公司关于将产品作为职工福利发放议案》：

　　本公司将高端瓶装啤酒、低端瓶装啤酒、罐装啤酒，作为福利发放给300名职工每人每种啤酒一件。

　　本公司关于将产品作为职工福利发放的事项不属重大关联交易事项，无须经过股东大会审批。免于按照相关规定披露和履行相应程序，符合云南证券交易所股票上市规则有关规定。

东方啤酒公司董事会
二〇二〇年十二月五日

图 3-9-5($\frac{1}{3}$)

职工福利发放一览表

2020年12月5日　　　　　　　　　　　　　　　　　　　　　单位:件

项　目		高端瓶装啤酒(件)	低端瓶装啤酒(件)	罐装啤酒(件)
行政管理人员		150	150	150
车间管理人员		10	10	10
生产工人	高端啤酒	30	30	30
	低端啤酒	55	55	55
	罐装啤酒	35	35	35
	小　计	120	120	120
销售人员		20	20	20
合　计		300	300	300

图 3-9-5($\frac{2}{3}$)

产 成 品 出 库 单

用途：发放职工福利　　　2020年12月5日　　　凭证编号：301204　　产成品库：1号库

类别	编号	名　称	单位	数量	单位成本	总成本	附注：
		高端瓶装啤酒	件	300			
		低端瓶装啤酒	件	300			
		罐装啤酒	件	300			
		合　计					

第三联　记账联

会计：李　松　　　保管：王晓兵　　　制单：李　森

图 3-9-5($\frac{3}{3}$)

费 用 报 销 单

报销日期：2020年12月6日　　　　　　　　　　　　附件16张(略)

费用项目	类别	金额	单位负责人（签　章）	刘立强
管理费用	业务招待费	9 000.00		
		现金付讫	审查意见	同意报销
			报销人	李志刚
报销金额合计		¥9 000.00		
核实金额(大写)：玖仟元整				
借款数		应退数	应补金额：¥9 000.00	
列支渠道		业务招待费		

审核：李　松　　　　　　　　　　　　　　　出纳：陈　芳

图 3-9-6($\frac{1}{1}$)

托 收 凭 证

（汇款依据或收账通知） 4

委托日期：2020年12月3日　　付款期限 2020年12月7日

业务类型	委托收款（☑邮划 □电划）		托收承付（□邮划 □电划）		
付款人	全称	丽都市杏花商场	收款人	全称	东方啤酒公司
	账号	675843216514532		账号	675843218977027
	地址	云南省 丽都市县	开户行	建行北路支行	地址	云南省 丽都市县	开户行	建行丽都支行
金额	人民币（大写）捌拾肆万玖仟捌佰柒拾伍元整			亿 千 百 十 万 千 百 十 元 角 分 ￥ 8 4 9 8 7 5 0 0	
款项内容	销货款	托收凭据名称	委托收款	附寄单证张数	3张
商品发运情况	已发运		合同名称号码	2020-147	
备注：		上列款项已划回收入你方账户内。收款人开户银行签章 2020年12月7日			
复核　　记账					

此联是收款人开户银行给收款人的收账通知

（加盖：中国建设银行云南省分行丽都支行）

图 3-9-7（1/1）

5360152256

云南省增值税专用发票

抵扣联

No 28644831

开票日期：2020年12月7日

（加盖：发票专用章 云南）

购货单位	名　称	东方啤酒公司	密码区	6634312-3-578<1+45*54*247261 163312><2116*69*08814159352 加密版本:07 <3<2*1702-8> 8*+<142< /0 4700030030 * 7/5*> > 2-3*0/8>　356437254781
	纳税人识别号	677856432198769		
	地址、电话	丽都市永顺路88号 6885688		
	开户行及账号	建行丽都市支行675843218977027		

货物或应税劳务、服务名称	规格型号	单位	数量	单价	金额	税率	税额
专家咨询费					3 000.00	6%	180.00
合　计					￥3 000.00		￥180.00
价税合计（大写）	叁仟壹佰捌拾元整				（小写）￥3 180.00		

销货单位	名　称	恒阳区国家税务局 代开专票特殊纳税人	备注	代开企业名称：丽都大学 （加盖：丽都大学 财务专用章）
	纳税人识别号	5678522252257151　（代开机关）		
	地址、电话	丽都市学府路89号 6865368		
	开户行及账号	工行学府支行 254325486763222		

第二联 抵扣联 购货方扣税凭证

收款人：任松　　复核：姚和平　　开票人：王伟立　　销货单位：（章）

图 3-9-8（1/3）

云南省增值税专用发票

5360152256　　　　　　　　　　　　　　　　　　　　　No 28644831
发票联　　　　　　　　　　　　　　　　　　　　　　开票日期：2020年12月7日

购货单位	名　　　称：东方啤酒公司 纳税人识别号：677856432198769 地　址、电　话：丽都市永顺路88号　6885688 开户行及账号：建行丽都市支行675843218977027	密码区	6634312-3-578<1+45*54*247261 163312><2116*69*08814159352 　　　　　　　　　加密版本:07 <3<2*1702-8> 8*+<142< /0 4700030030 * 7/5*> > 2-3*0/8> >　356437254781

货物或应税劳务、服务名称	规格型号	单位	数量	单价	金额	税率	税额
专家咨询费					3 000.00	6%	180.00
合　　计					¥3 000.00		¥180.00

价税合计（大写）：叁仟壹佰捌拾元整　　　　　　（小写）¥3 180.00

销货单位	名　　　称：恒阳区国家税务局 　　　　　　代开专票特殊纳税人 纳税人识别号：5678522252257151　（代开机关） 地　址、电　话：丽都市学府路89号　6865368 开户行及账号：工行学府路支行　254325486763222	备注	代开企业名称：丽都大学 （丽都大学 财务专用章）

收款人：任　松　　　复核：姚和平　　　开票人：王伟立　　　销货单位：（章）

图 3-9-8（2/3）

费用报销单

报销日期：2020年12月7日　　　　　　　　　　　　　　　　附件1张（略）

费用项目	类别	金额	单位负责人（签章）	刘立强
管理费用	咨询费	3 000.00		
应交税费	增值税	180.00	审查意见	同意报销
		（现金付讫）	报销人	李志刚
报销金额合计		¥3 180.00		
核实金额（大写）：叁仟壹佰捌拾元整				
借款数	应退数	应补金额：¥3 180.00		
列支渠道	专家咨询费			

审核：张成栋　　　　　　　　　　　　　　出纳：陈　芳

图 3-9-8（3/3）

商品购销合同

合同号:2020—160

甲方(购货方):丽都市好又来商场

乙方(销货方):丽都市东方啤酒公司

本着平等互利的原则,经双方协商,共同订立如下合同:

一、双方必须有合法的营业执照,乙方所供商品必须有合法商标,根据不同商品分别提供生产、经营许可证、注册商标证、产品合格证、进口商品检验证等。

二、甲方向乙方订购以下商品:

序号	商品名称	规格型号	计量单位	数量	单价	金 额
	高端瓶装啤酒		件	3 000	48.60	145 800.00
	低端瓶装啤酒		件	6 000	32.40	194 400.00
	罐装啤酒		件	2 100	144.00	302 400.00
	合计					642 600.00

三、到货时间:乙方在10日内发货,货物由乙方送达购货方。

四、货款结算:支票结算。

五、合同一式 贰 份,双方盖章后生效。如违约须赔偿对方损失,按价款 30% 赔款,不可抗力除外。本合同在履行过程中,若发生纠纷或异议,双方协调解决。

甲方:丽都市好又来商场　　　　　　乙方:丽都市东方啤酒公司
法人代表:马 楠　　　　　　　　　　法人代表:王高平
账号:建行东路支行 675843217952315　账号:建行丽都市支行 675843218977027
电话:6637886　　　　　　　　　　　电话:6885688
地址:丽都市东江路20号　　　　　　　地址:丽都市永顺路88号
签约日期:2020年12月6日　　　　　　签约日期:2020年12月6日

注:此凭证不作为记账依据

图 3-9-9($\frac{1}{4}$)

产 成 品 出 库 单

用途:出售　　　　　　2020年12月8日　　　　　　凭证编号:301206
　　　　　　　　　　　　　　　　　　　　　　　　　产成品库:1号库

类别	编号	名 称	单位	数量	单位成本	总成本	附注:
		高端瓶装啤酒	件	3 000			
		低端瓶装啤酒	件	6 000			
		罐装啤酒	件	2 100			
		合 计					

会计:李 松　　　　保管:王晓兵　　　　制单:李 森

第三联　记账联

图 3-9-9($\frac{2}{4}$)

第 3 章 模拟公司会计业务（原始凭证部分）

5201896335

云南省增值税专用发票　　　　　　　No 00206056

此联不作报销、扣税凭证使用　　　　开票日期：2020年12月8日

购货单位	名　　称：	好又来商场				密码区	154312-3-578<1+45*54* 163312><8182*69*08814 　　　　　　　加密版本:02 <4<2*1702-8> 8*+<142< /0 8401376270 * 6/5*> > 2-3*0/8> >　00206056		
	纳税人识别号：	677852210378445							
	地　址、电　话：	丽都市东江路20号　6637886							
	开户行及账号：	建行东路支行　675843217952315							
货物或应税劳务、服务名称	规格型号	单位	数量	单价	金额		税率	税额	
高端瓶装啤酒		件	3 000	48.60	145 800.00		13%	18 954.00	
低端瓶装啤酒		件	6 000	32.40	194 400.00		13%	25 272.00	
罐装啤酒		件	2 100	144.00	302 400.00		13%	39 312.00	
合　　计					￥642 600.00			￥83 538.00	
价税合计（大写）	柒拾贰万陆仟壹佰叁拾捌元整						（小写）￥726 138.00		
销货单位	名　　称：	东方啤酒公司				备注			
	纳税人识别号：	677856432198769							
	地　址、电　话：	丽都市永顺路88号　6885688							
	开户行及账号：	建行丽都市支行　675843218977027							

收款人：陈　芳　　复核：李　松　　开票人：张　平　　销货单位：（章）

图 3-9-9（3/4）

中国建设银行进账单（收账通知）3

2020年12月8日　　　　　　　　　第　号

出票人	全　称	好又来商场	收款人	全　称	东方啤酒公司									
	账　号	675843217952315		账　号	675843218977027									
	开户银行	建行东路支行		开户银行	建行丽都市支行									
金额	人民币（大写）柒拾贰万陆仟壹佰叁拾捌元整				亿	千	百	十	万	千	百	十	元	角	分
						￥	7	2	6	1	3	8	0	0
票据种类	转账支票	票据张数	1											
票据号码		6856712												
单位主管　　会计　　复核　　记账														

图 3-9-9（4/4）

- 237 -

第3章 模拟公司会计业务（原始凭证部分）

云南省增值税专用发票

5201896335　　　　　　　　　　　　　　　　　　　　　　　　　No 00206057

此联不作报销、扣税凭证使用　　　　　　开票日期：2020年12月10日

购货单位	名　　　称：丽都市永发饲料公司 纳税人识别号：475584468895325 地　址、电　话：丽都市永保路18号　3115586 开户行及账号：工行永保路支行584005323385612	密码区	154312-3-578<1+45*54* 163312><8182*69*08814 加密版本:02 <4<2*1702-8> 8*+<142< /02431765904 * 6/5*> > 2-3*0/8> >　00206062

货物或应税劳务、服务名称	规格型号	单位	数量	单价	金额	税率	税额
甘肃麦		吨	50	4000.00	200 000.00	13%	26 000.00
合　　计					￥200 000.00		￥26 000.00

价税合计（大写）	贰拾贰万陆仟元整	（小写）￥226 000.00

销货单位	名　　　称：东方啤酒公司 纳税人识别号：677856432198769 地　址、电　话：丽都市永顺路88号　6885688 开户行及账号：建行丽都市支行675843218977027	备注	

收款人：<u>陈　芳</u>　　　复核：<u>李　松</u>　　　开票人：<u>张　平</u>　　　销货单位：（章）

第一联　记账联　销货方记账凭证

图 3-9-10（$\frac{1}{3}$）

产成品出库单

凭证编号：301207

用途：出售　　　　　　　2020年12月10日　　　　　　　仓库：材料仓库

类别	编号	名称	单位	数量	单位成本	总成本	附注：
		甘肃麦	吨	50			出售
		合　计					

会计：<u>李　松</u>　　　　　保管：<u>陈　涛</u>　　　　　制单：<u>李　森</u>

第三联　记账联

图 3-9-10（$\frac{2}{3}$）

第 3 章　模拟公司会计业务（原始凭证部分）

中国建设银行 **进账单** （收账通知） 3

2020年12月10日　　　　　　　　　　　第　号

出票人	全称	永发饲料公司	收款人	全称	东方啤酒公司
	账号	584005323385612		账号	675843218977027
	开户银行	工行永保路支行		开户银行	建行丽都市支行

金额	人民币（大写）贰拾贰万陆仟元整	亿	千	百	十	万	千	百	十	元	角	分
				¥	2	2	6	0	0	0	0	0

票据种类	转账支票	票据张数	1
票据号码		5334325	

中国建设银行云南省分行
丽都支行
收款人开户银行盖章
2020 年 12 月 10 日

单位主管　　会计　　复核　　记账

此联是收款人开户银行交给收款人的收账通知

图 3-9-10（3/3）

5201896335　　　　　　　　**云南省增值税专用发票**　　　　　No 00206058
　　　　　　　　　　　　此联不作报销、扣税凭证使用　　　　　开票日期：2020年12月11日

购货单位	名称：	滇西食品厂	密码区	32154312-3-578<1+45*54*5287413
	纳税人识别号：	4678522547589421		163312><8182*69*08814358674253
	地址、电话：	龙润市成仪路26号 8235487		加密版本:02
	开户行及账号：	建行龙润市成仪路支行		<4<2*1702-8> 8*+<142< /0 570418545
		367843218984625		* 6/5*> > 2-3*0/8> > 326057521455

货物或应税劳务、服务名称	规格型号	单位	数量	单价	金额	税率	税额
运输服务费					300 000.00	9%	27 000.00
合　计					¥300 000.00		¥27 000.00

价税合计（大写）	叁拾贰万柒仟元整	（小写）¥327 000.00

销货单位	名称：	东方啤酒公司	备注
	纳税人识别号：	677856432198769	
	地址、电话：	丽都市永顺路 88 号 6885688	
	开户行及账号：	建行丽都市支行 675843218977027	

收款人　陈芳　　复核　李松　　开票人：张平　　销货单位：（章）

第一联 记账联 销货方记账凭证

图 3-9-11（1/2）

— 241 —

中国建设银行 进账单（收账通知） 3

2020年12月11日　　　　　　　　　　　　第　号

出票人	全称	滇西食品厂	收款人	全称	东方啤酒公司
	账号	584005323534655		账号	675843218977027
	开户银行	工行惠特路支行		开户银行	建行丽都市支行

金额	人民币（大写）叁拾贰万柒仟元整	亿	千	百	十	万	千	百	十	元	角	分
					￥	3	2	7	0	0	0	0	0

票据种类	转账支票	票据张数	1
票据号码		6325526	

中国建设银行云南省分行
丽都支行
收款人开户银行盖章
2020年12月11日
转讫

单位主管　　会计　　复核　　记账

此联是收款人开户银行交给收款人的收账通知

图 3-9-11（2/2）

出 差 车 旅 费 报 销 单

填制日期：2020年12月12日　　　　　出差事由：开会　　　　　附凭证5份

月	日	起止地点	天数	车船费	城市通费	伙食补助	住宿费	住宿奖励或自理费	合计	核准金额	领导审批
12	9	丽都—昆明	1	192	18	20	60		290.00	同意报销600元。2020年12月12日 审核人：张成栋	同意报销。12月12日 审核人：刘立强
12	10	住昆明	1		18	20	60		98.00		
12	11	昆明—丽都	1	192		20			212.00		
		合　计			大写 陆佰元整				￥600.00		

现金付讫

注：住宿超支，在"住宿奖励或自理费"栏用红字或负数填写。　　　出差人：刘　明

图 3-9-12（1/1）

商品购销合同

合同号:2020—162
甲方(购货方):丽江市八方商场
乙方(销货方):丽都市东方啤酒公司
本着平等互利的原则,经双方协商,共同订立如下合同:
　　一、双方必须有合法的营业执照,乙方所供商品必须有合法商标,根据不同商品分别提供生产、经营许可证、注册商标证、产品合格证、进口商品检验证等。
　　二、甲方向乙方订购以下商品:

序号	商品名称	规格型号	计量单位	数量	单价	金　额
	高端瓶装啤酒		件	6 000	48.60	291 600.00
	低端瓶装啤酒		件	6 000	32.40	194 400.00
	罐装啤酒		件	6 000	144.00	864 000.00
	合计					1 350 000.00

　　三、到货时间:乙方在10日内发货,货物委托运输公司运输,费用由销货方承担10万元。
　　四、货款结算:托收承付。甲方在验货后10天内付款。瓶装啤酒享受九折优惠。
　　五、合同一式　贰　份,双方盖章后生效。如违约须赔偿对方损失,按价款　30%　赔款,不可抗力除外。
本合同在履行过程中,若发生纠纷或异议,双方协调解决。

甲方:　丽江市八方商场　　　　　　　　　　乙方:　丽都市东方啤酒公司
法人代表　马　伟　　　　　　　　　　　　　法人代表　王高平
账号:工行雪山路支行584000532114546　　　　账号:建行丽都市支行675843218977027
电话:2137886　　　　　　　　　　　　　　　电话:6885688
地址:丽江市雪山路18号　　　　　　　　　　　地址:丽都市永顺路88号
签约日期:2020年12月18日　　　　　　　　　签约日期:2020年12月18日

注:此凭证不作为记账依据

图 3-9-13($\frac{1}{7}$)

产 成 品 出 库 单

凭证编号:301208
用途:出售　　　　　2020年12月20日　　　　　产成品库:1号库

类别	编号	名　称	单位	数量	单位成本	总成本	附注:
		高端瓶装啤酒	件	6 000			
		低端瓶装啤酒	件	6 000			
		罐装啤酒	件	6 000			
		合　计					

第三联　记账联

会计:李　松　　　　　　保管:王晓兵　　　　　　制单:李　森

图 3-9-13($\frac{2}{7}$)

第 3 章　模拟公司会计业务(原始凭证部分)

5201896335

云南省增值税专用发票

此联不作报销、扣税凭证使用

No 00206060

开票日期：2020年12月20日

购货单位	名　　　称：	丽江市八方商场	密码区	165478-3-732<1+45*54*
	纳税人识别号：	475584463521893		163312><8182*69*08814
	地　址、电话：	丽江市雪山路18号　2137886		加密版本：02
	开户行及账号：	工行雪山路支行584000532114546		<4<2*1702-8> 8*+<142< /0 4587623190
				* 6/5*> > 2-3*0/8> >　00206059

货物或应税劳务、服务名称	规格型号	单位	数量	单价	金　额	税率	税　额
高端瓶装啤酒		件	6 000	48.60	291 600.00	13%	37 908.00
低端瓶装啤酒		件	6 000	32.40	194 400.00	13%	25 272.00
罐装啤酒		件	6 000	144.00	864 000.00	13%	112 320.00
合　　计					￥1 350 000.00		￥175 500.00
价税合计(大写)	壹佰伍拾贰万伍仟伍佰元整				(小写)￥1 525 500.00		

销货单位	名　　　称：	东方啤酒公司	备注	(丽都市东方啤酒公司 发票专用章)
	纳税人识别号：	677856432198769		
	地　址、电话：	丽都市永顺路88号　6885688		
	开户行及账号：	建行丽都市支行675843218977027		

收款人：　陈　芳　　　复核：　李　松　　　开票人：　张　平　　　销货单位：(章)

第一联 记账联 销货方记账凭证

图 3-9-13($\frac{3}{7}$)

托　收　凭　证(受理回单)　　　　　　　　1

委托日期：2020年12月20日

业务类型	委托收款(□邮划 □电划)			托收承付(□邮划 ☑电划)			
付款人	全　称	丽江市八方批发商场	收款人	全　称	东方啤酒公司		
	账　号	584000532114546		账　号	675843218977027		
	地　址	云南省	丽都市县	开户行	工行雪山路支行	地　址	云南省	丽都市县	开户行	建行丽都支行

金额	人民币(大写) 壹佰伍拾贰万伍仟伍佰元整	亿 千 百 十 万 千 百 十 元 角 分
		￥　　1 5 2 5 5 0 0 0 0

款项内容	销货款	托收凭据名　称	委托收款	附寄单证张数	3张
商品发运情况	已发运		合同名称号码	2020-167	
备注：	款项收妥日期　　年　月　日			收款人开户银行签章 中国建设银行丽都支行 2020 年 12 月 12 日 业务专用章	
复核　　　记账					

此联作收款人开户银行给收款人的受理回单

图 3-9-13($\frac{4}{7}$)

- 247 -

4226785432

云南省增值税专用发票
抵扣联

No 35621788

开票日期：2020年12月20日

购货单位	名　　　称：东方啤酒公司 纳税人识别号：677856432198769 地址、电话：丽都市永顺路88号 6885688 开户行及账号：建行丽都市支行 675843218977027	密码区	165<1+47*64*44 <3*3703-8> 8*+143 </11-3164 315,<1+47*64*--3-17894574321-8>8 *+143<,/0<2*3703-8> 8*+280 </0*64*3 <3*3521-7> 8*+143 </0--65568425209

货物或应税劳务、服务名称	规格型号	单位	数量	单价	金额	税率	税额
运费					50 000.00	9%	4 500.00
合　计					¥50 000.00		¥4 500.00

价税合计（大写）　　伍万肆仟伍佰元整　　　　　（小写）¥54 500.00

销货单位	名　　　称：丽都市北关街物流公司 纳税人识别号：677866635423983 地址、电话：丽都市北关街165号 6852632 开户行及账号：工行北关街支行 784002415876542	备注	（丽都市北关街物流公司 发票专用章）

收款人：江　明　　　复核：郭冬梅　　　开票人：刘小凤　　　销货单位：（章）

第二联　抵扣联　购货方扣税凭证

图 3-9-13（5/7）

4226785432

云南省增值税专用发票
发票联

No 35621788

开票日期：2020年12月20日

购货单位	名　　　称：东方啤酒公司 纳税人识别号：677856432198769 地址、电话：丽都市永顺路88号 6885688 开户行及账号：建行丽都市支行 675843218977027	密码区	165<1+47*64*44 <3*3703-8> 8*+143 </11-3164 315,<1+47*64*--3-17894574321-8>8 *+143<,/0<2*3703-8> 8*+280 </0*64*3 <3*3521-7> 8*+143 </0--65568425209

货物或应税劳务、服务名称	规格型号	单位	数量	单价	金额	税率	税额
运费					50 000.00	9%	4 500.00
合　计					¥50 000.00		¥4 500.00

价税合计（大写）　　伍万肆仟伍佰元整　　　　　（小写）¥54 500.00

销货单位	名　　　称：丽都市北关街物流公司 纳税人识别号：677866635423983 地址、电话：丽都市北关街165号 6852632 开户行及账号：工行北关街支行 784002415876542	备注	（丽都市北关街物流公司 发票专用章）

收款人：江　明　　　复核：郭冬梅　　　开票人：刘小凤　　　销货单位：（章）

第三联　发票联　购货方记账凭证

图 3-9-13（6/7）

第3章 模拟公司会计业务（原始凭证部分）

中国建设银行
转账支票存根　（滇）
$\frac{E}{0}\frac{X}{2}$ 03302549

附加信息 _____
_____
_____

出票日期 2020 年 12 月 20 日

| 收款人：北关物流公司 |
| 金　　额：54 500.00 元 |
| 用　　途：运输费 |
| 单位主管 张成栋　会计 李　松 |

图 3-9-13($\frac{7}{7}$)

收　据

收到：东方啤酒公司　　　　　　　　　　2020年12月23日

摘　　　要	金　　　　　　额	第
	千 百 十 万 千 百 十 元 角 分	三
厂门前卫生罚款	￥　　　　1 5 0 0 0 0	联
合计人民币(大写) 壹仟伍佰元整		记
备注		账
		联

收款单位(财务公章)　　会计：王红仁　　收款人：刘小丽　　经手人：吕　林

图 3-9-14($\frac{1}{2}$)

中国建设银行
转账支票存根　（滇）
$\frac{E}{0}\frac{X}{2}$ 03302551

附加信息 _____
_____
_____

出票日期 2020 年 12 月 23 日

| 收款人：丽都市城北街道办事处 |
| 金　　额：1 500 元 |
| 用　　途：厂门前卫生罚款 |
| 单位主管 张成栋　会计 李　松 |

图 3-9-14($\frac{2}{2}$)

— 251 —

商品购销合同

合同号：2020—164

甲方(购货方)：方达连锁有限公司

乙方(销货方)：丽都市东方啤酒公司

本着平等互利的原则，经双方协商，共同订立如下合同：

一、双方必须有合法的营业执照，乙方所供商品必须有合法商标，根据不同商品分别提供生产、经营许可证、注册商标证、产品合格证、进口商品检验证等。

二、甲方向乙方订购以下商品：

序号	商品名称	规格型号	计量单位	数量	单价	金　额
	高端瓶装啤酒		件	10 000	48.60	486 000.00
	低端瓶装啤酒		件	10 000	32.40	324 000.00
	罐装啤酒		件	2 000	144.00	288 000.00
	合计					1 098 000.00

三、到货时间：乙方在5日内发货并负责送货上门。

四、货款结算：钱货两清，瓶装啤酒享受9折优惠。

五、合同一式 贰 份，双方盖章后生效。如违约须赔偿对方损失，按价款 30% 赔款，不可抗力除外。

本合同在履行过程中，若发生纠纷或异议，双方协调解决。

甲方：方达连锁有限公司　　　　　　　乙方：丽都市东方啤酒公司

法人代表：陈运林　　　　　　　　　　法人代表：王高平

账号：工行城北支行 584000535462345　　账号：建行丽都市支行 675843218977027

电话：6844156　　　　　　　　　　　 电话：6885688

地址：丽都市城北路35号　　　　　　　地址：丽都市永顺路88号

签约日期：2020年12月22日　　　　　　签约日期：2020年12月22日

注：此凭证不作为记账依据

图 3-9-15($\frac{1}{4}$)

产 成 品 出 库 单

用途：出售　　　　　　2020年12月24日　　　　　　凭证编号：301209　　产成品库：1号库

类别	编号	名称	单位	数量	单位成本	总成本	附注：
		高端瓶装啤酒	件	10 000			
		低端瓶装啤酒	件	10 000			
		罐装啤酒	件	2 000			
		合　计					

会计：李 松　　　　　保管：王晓兵　　　　　制单：李 森

第三联　记账联

图 3-9-15($\frac{2}{4}$)

第3章 模拟公司会计业务(原始凭证部分)

5201896335

云南省增值税专用发票　　　　No 00206061

此联不作报销、扣税凭证使用　　开票日期：2020年12月24日

购货单位	名　　称：方达连锁有限责任公司 纳税人识别号：667852210589476 地址、电话：丽都市城北路35号 6844156 开户行及账号：工行城北支行 584000535462345	密码区	154312-3-578<1+45*54* 163312><8182*69*08814 　　　　　　　加密版本:02 <4<2*1702-8> 8*+<142< /0 570418561 * 6/5*> > 2-3*0/8> >　00206059

货物或应税劳务、服务名称	规格型号	单位	数量	单价	金额	税率	税额
高端瓶装啤酒		件	10 000	48.60	486 000.00	13%	63 180.00
低端瓶装啤酒		件	10 000	32.40	324 000.00	13%	42 120.00
罐装啤酒		件	2 000	144.00	288 000.00	13%	37 440.00
合　计					￥1 098 000.00		￥142 740.00

价税合计(大写)　壹佰贰拾肆万零柒佰肆拾元整　　　　　(小写)￥1 240 740.00

销货单位	名　　称：东方啤酒公司 纳税人识别号：677856432198769 地址、电话：丽都市永顺路88号 6885688 开户行及账号：建行丽都市支行 675843218977027	备注	

收款人：陈 芳　　复核：李 松　　开票人：张 平　　销货单位：(章)

第一联 记账联 销货方记账凭证

图 3-9-15($\frac{3}{4}$)

中国建设银行进账单（收账通知）3

2020年12月24日　　　　　　　　　　　　　　第　　号

出票人	全　称	方达连锁有限公司	收款人	全　称	东方啤酒公司
	账　号	584000535462345		账　号	675843218977027
	开户银行	工行城北支行		开户银行	建行丽都市支行

金额	人民币(大写) 壹佰贰拾肆万零柒佰肆拾元整	亿 千 百 十 万 千 百 十 元 角 分 　　￥ 1 2 4 0 7 4 0 0 0

票据种类	转账支票	票据张数	1
票据号码		6856385	

中国建设银行云南省分行 丽都支行
收款人开户银行盖章
2020年12月18日

单位主管　　会计　　复核　　记账

此联是收款人开户银行交给收款人的收账通知

图 3-9-15($\frac{4}{4}$)

- 255 -

商品购销合同

合同号:2020-169
甲方(购货方):南平连锁超市
乙方(销货方):丽都市东方啤酒公司
本着平等互利的原则,经双方协商,共同订立如下合同:

一、双方必须有合法的营业执照,乙方所供商品必须有合法商标,根据不同商品分别提供生产、经营许可证、注册商标证、产品合格证、进口商品检验证等。

二、甲方向乙方订购以下商品:

序号	商品名称	规格型号	计量单位	数量	单价	金额
	高端瓶装啤酒		件	10 000	48.60	486 000.00
	低端瓶装啤酒		件	20 000	32.40	648 000.00
	罐装啤酒		件	4 000	144.00	576 000.00
	合计					1 710 000.00

三、到货时间:乙方在10日内发货,货物委托运输公司运输,费用由购货方承担。
四、货款结算:商业汇票,期限一个月,瓶装啤酒享受9折优惠。
五、合同一式 贰 份,双方盖章后生效。如违约须赔偿对方损失,按价款 30% 赔款,不可抗力除外。
本合同在履行过程中,若发生纠纷或异议,双方协调解决。

甲方:南平连锁超市   乙方:丽都市东方啤酒公司
法人代表:杨汉同   法人代表:王高平
账号:工行南路支行 584000535356123   账号:建行丽都市支行 675843218977027
电话:6846536   电话:6885688
地址:丽都市城南路38号   地址:丽都市永顺路88号
签约日期:2020年12月25日   签约日期:2020年12月25日

注:此凭证不作为记账依据

图 3-9-16($\frac{1}{4}$)

产 成 品 出 库 单

凭证编号:301210
用途:出售   2020年12月28日   产成品库:1号库

类别	编号	名称	单位	数量	单位成本	总成本	附注
		高端瓶装啤酒	件	10 000			
		低端瓶装啤酒	件	20 000			
		罐装啤酒	件	4 000			
		合 计					

第三联 记账联

会计:李 松   保管:王晓兵   制单:李 森

图 3-9-16($\frac{2}{4}$)

5201896335

云南省增值税专用发票

此联不作报销、扣税凭证使用

No 00206062

开票日期：2020年12月28日

购货单位	名　　　　称	南平连锁超市	密码区	154312-3-578<1+45*54* 163312><8182*69*08814 加密版本:02 <4<2*1702-8> 8*+<142< /03096754128 * 6/5*> > 2-3*0/8> >　00206061
	纳税人识别号：	667852219522270		
	地址、电话：	丽都市城南路38号　6846536		
	开户行及账号：	工行南路支行　584000535356123		

货物或应税劳务、服务名称	规格型号	单位	数量	单价	金额	税率	税额
高端瓶装啤酒		件	10 000	48.60	486 000.00	13%	63 180.00
低端瓶装啤酒		件	20 000	32.40	648 000.00	13%	84 240.00
罐装啤酒		件	4 000	144.00	576 000.00	13%	74 880.00
合　计					¥1 710 000.00		¥222 300.00
价税合计（大写）	壹佰玖拾叁万贰仟叁佰元整				（小写）¥1 932 300.00		

销货单位	名　　　　称：	东方啤酒公司	备注	
	纳税人识别号：	677856432198769		
	地址、电话：	丽都市永顺路88号　6885688		
	开户行及账号：	建行丽都市支行　675843218977027		

收款人：陈芳　　复核：李松　　开票人：张平　　销货单位：（章）

图3-9-16（3/4）

商业承兑汇票 2

汇票号码 6854631

出票日期（大写）　贰零贰零年壹拾贰月贰拾捌日

付款人	全　称	南平连锁超市	收款人	全　称	东方啤酒公司
	账　号	584000535356123		账　号	675843218977027
	汇出地点	工行南路支行		汇入地点	建行丽都市支行

出票金额	人民币（大写）壹佰玖拾叁万贰仟叁佰元整	千百十万千百十元角分 ¥ 1 9 3 2 3 0 0 0 0

汇票到期日（大写）	贰零贰壹年零壹月贰拾捌日	付款人开户行	行号	2415
交易合号码	2020-169		地址	丽都市城南路38号

备注	

出票人：杨汝南　815015250

图3-9-16（4/4）

第 3 章　模拟公司会计业务（原始凭证部分）

云南省增值税专用发票（抵扣联）

7231645672　　　　　　　　　　　　　　　No 45625481

开票日期：2020年12月29日

购货单位	名　　称：东方啤酒公司
	纳税人识别号：677856432198769
	地址、电话：丽都市永顺路88号　6885688
	开户行及账号：建行丽都市支行　675843218977027

密码区：
52585<1+47*64*44 <3*3703-8>
8*+143 </11-3161
315,<1+47*64*--3-17894574321-8>8
*+143<,/0<2*3703-8> 8*+2458
</0*64*3 <3*3521-7>
8*+143 </0--65568425236

货物或应税劳务、服务名称	规格型号	单位	数量	单价	金额	税率	税额
汽油	90	升	4000	6.40	25 600.00	13%	3 328.00
合　计					¥25 600.00		¥3 328.00

价税合计（大写）：贰万捌仟玖佰贰拾捌元整　　（小写）¥28 928.00

销货单位	名　　称：丽都市城北加油站
	纳税人识别号：5305022709833562
	地址、电话：丽都市北关251号　6336548
	开户行及账号：农行丽都市支行　120301040000305

收款人：杨开丽　　复核：李玉梅　　开票人：朱丽芬　　销货单位：（章）

图 3-9-17（1/3）

云南省增值税专用发票（发票联）

7231645672　　　　　　　　　　　　　　　No 45625481

开票日期：2020年12月29日

购货单位	名　　称：东方啤酒公司
	纳税人识别号：677856432198769
	地址、电话：丽都市永顺路88号　6885688
	开户行及账号：建行丽都市支行　675843218977027

密码区：
52585<1+47*64*44 <3*3703-8>
8*+143 </11-3161
315,<1+47*64*--3-17894574321-8>8
*+143<,/0<2*3703-8> 8*+2458
</0*64*3 <3*3521-7>
8*+143 </0--65568425236

货物或应税劳务、服务名称	规格型号	单位	数量	单价	金额	税率	税额
汽油	90	升	4000	6.40	25 600.00	13%	3 328.00
合　计					¥25 600.00		¥3 328.00

价税合计（大写）：贰万捌仟玖佰贰拾捌元整　　（小写）¥28 928.00

销货单位	名　　称：丽都市城北加油站
	纳税人识别号：5305022709833562
	地址、电话：丽都市北关251号　6336548
	开户行及账号：农行丽都市支行　120301040000305

收款人：杨开丽　　复核：李玉梅　　开票人：朱丽芬　　销货单位：（章）

图 3-9-17（2/3）

```
中国建设银行    （滇）
转账支票存根
$\frac{E}{0}\frac{X}{2}$ 03302552
附加信息
_____
_____
_____
_____
出票日期 2020 年 12 月 29 日
```

收款人：	丽都市城北加油站
金　额：	28 928.00 元
用　途：	购汽油

单位主管 张成栋　会计 李　松

图 3-9-17($\frac{3}{3}$)

实训十　期末业务

质量检测报告书

施工单位:丽都市安全电梯厂
使用单位:丽都市东方啤酒公司
工程内容:丽都市东方啤酒公司行政楼改造工程——电梯安装工程
检验报告号及检验员:JY—2256,陈东生
质量技术监督部门审查意见：
该电梯符合《中华人民共和国标准化法》《中华人民共和国产品质量法》和ISO9001的有关规定。

国家电梯质量监督检验中心
2020年12月31日

图 3-10-1($\frac{1}{5}$)

第 3 章 模拟公司会计业务(原始凭证部分)

4202871532

云南省增值税专用发票
抵扣联

No 65423156
开票日期：2020年12月31日

购货单位	名　　称：	东方啤酒公司					密码区	154312-3-578<1+45*54* 163312><8182*69*08814 　　　　　　加密版本:02 <4<2*1702-8> 8*+<142< /0 4700030030 * 6/5*> > 2-3*0/8> > 6542312			
	纳税人识别号：	677856432198769									
	地址、电话：	丽都市永顺路 88 号　6885688									
	开户行及账号：	建行丽都市支行 675843218977027									
货物或应税劳务、服务名称	规格型号	单位	数量	单价	金额	税率	税额
电梯安装费用			1	4 000.00	4 000.00	9%	360.00
合　　计					￥4 000.00		￥360.00
价税合计(大写)	肆仟叁佰陆拾元整				(小写)￥4 360.00		
销货单位	名　　称：	安全电梯厂	备注
	纳税人识别号：	667858223465213	
	地址、电话：	丽都市翡翠路8号　6503522	
	开户行及账号：	建行翡翠路支行 675843216653241	

收款人：胡杏　　复核：陈池　　开票人：徐明玉　　销货单位：(章)

第二联 抵扣联 购货方扣税凭证

图 3-10-1(2/5)

4202871532

云南省增值税专用发票
发票联

No 65423156
开票日期：2020年12月31日

购货单位	名　　称：	东方啤酒公司					密码区	154312-3-578<1+45*54* 163312><8182*69*08814 　　　　　　加密版本:02 <4<2*1702-8> 8*+<142< /0 4700030030 * 6/5*> > 2-3*0/8> > 6542312			
	纳税人识别号：	677856432198769									
	地址、电话：	丽都市永顺路 88 号　6885688									
	开户行及账号：	建行丽都市支行 675843218977027									
货物或应税劳务、服务名称	规格型号	单位	数量	单价	金额	税率	税额
电梯安装费用			1	4 000.00	4 000.00	9%	360.00
合　　计					￥4 000.00		￥360.00
价税合计(大写)	肆仟叁佰陆拾元整				(小写)￥4 360.00		
销货单位	名　　称：	安全电梯厂	备注
	纳税人识别号：	667858223465213	
	地址、电话：	丽都市翡翠路8号　6503522	
	开户行及账号：	建行翡翠路支行 675843216653241	

收款人：胡杏　　复核：陈池　　开票人：徐明玉　　销货单位：(章)

第三联 发票联 购货方记账凭证

图 3-10-1(3/5)

固定资产移交使用报告单

2020年12月31日

名 称	规格型号	单 位	数 量	设备价款	预计使用年限	移交单位
行政楼		幢	1	9 704 150.00	10 年	办公室
备 注						

使用部门主管：王秋生　　　　会计：李 松　　　　制单：郭清泉

图 3-10-1($\frac{4}{5}$)

中国建设银行　（滇）
转账支票存根
$\frac{E}{0}\frac{X}{2}$ 03302553
附加信息

出票日期 2020 年 12 月 31 日

收款人：	丽都市安全电梯厂
金　额：	4 360.00 元
用　途：	安装费

单位主管 张成栋　会计 李 松

图 3-10-1($\frac{5}{5}$)

中国建设银行　（滇）
转账支票存根
$\frac{E}{0}\frac{X}{2}$ 03302554
附加信息

出票日期 2020 年 12 月 31 日

收款人：	海华股份有限公司
金　额：	126 000.00 元
用　途：	工程款及税款

单位主管 张成栋　会计 李 松

图 3-10-2($\frac{1}{5}$)

固定资产移交使用报告单

2020年12月31日

名 称	规格型号	单 位	数 量	设备价款	预计使用年限	移交单位
简易仓库		幢	1	200 000.00	10 年	物流部
备 注						

使用部门主管：付一村　　　　会计：李 松　　　　制单：郭清泉

图 3-10-2($\frac{2}{5}$)

工程结算单

工程名称： 丽都市东方啤酒公司简易仓库建造工程

NO. 256号　　　　　　　　　　　　　　　　　　　　　　　　　　　　单位：元

序　号	结算项目	合　同　价	实　际　价	增减原因说明
1	人　工	40 000.00	40 000.00	固定建造合同
2	材　料	125 000.00	125 000.00	固定建造合同
3	机　械	15 000.00	15 000.00	固定建造合同
4	间接费用	4 000.00	4 000.00	固定建造合同
5	合理利润	16 000.00	16 000.00	固定建造合同
	合　　计	200 000.00	200 000.00	

海华股份有限公司
2020年12月31日

图 3-10-2($\frac{3}{5}$)

6728453226　　　　　　　　**云南省增值税专用发票**　　　　　　№ 05417821

　　　　　　　　　　　　　　　　　　　　　　　　　　开票日期：2020年12月31日

购货单位	名　　称：东方啤酒公司 纳税人识别号：677856432198769 地　址、电　话：丽都市永顺路88号 6885688 开户行及账号：建行丽都市支行 　　　　　　　675843218977027	码区	52585<1+47*64*44 <3*3703-8> 8*+143 </11-1464 315,<1+47*64*--3-17894574321-8> 81*+143<,/0<2*3703-8> 8*+2325 </0*64*3 <3*3521-7> 8*+143 </02347

货物或应税劳务、服务名称	规格型号	单位	数量	单价	金额	税率	税额
简易仓库		幢	1	200 000.00	200 000.00	13%	26 000.00
合　　计					￥200 000.00		￥26 000.00
价税合计（大写）	贰拾贰万陆仟元整				（小写）￥226 000.00		

销货单位	名　　称：海华股份有限公司 纳税人识别号：5305023568714598 地　址、电　话：丽都市北路211号 68365188 开户行及账号：建行丽都市支行 　　　　　　　6203017421530301	备注	海华股份有限公司 发票专用章

收款人：袁星晨　　　复核：王红梅　　　开票人：陈艳芳　　　销货单位：（章）

图 3-10-2($\frac{4}{5}$)

6728453226　　　　　　　　**云南省增值税专用发票**　　　　　　　　No 05417821

发票联　　　　　　　　　　　　　　　　　　　开票日期：2020年12月31日

购货单位	名　　称：东方啤酒公司	码区	52585<1+47*64*44 <3*3703-8>
	纳税人识别号：677856432198769		8*+143 </11-1464
	地址、电话：丽都市永顺路88号 6885688		315,<1+47*64*--3-17894574321-8>
	开户行及账号：建行丽都市支行		81*+143<,/0<2*3703-8> 8*+2325
	675843218977027		</0*64*3 <3*3521-7> 8*+143 </02347

货物或应税劳务、服务名称	规格型号	单位	数量	单价	金额	税率	税额
简易仓库		幢	1	200 000.00	200 000.00	13%	26 000.00
合　　计					￥200 000.00		￥26 000.00

| 价税合计（大写） | 贰拾贰万陆仟元整 | （小写）￥226 000.00 |

销货单位	名　　称：海华股份有限公司	备注	
	纳税人识别号：5305023568714598		
	地址、电话：丽都市北路211号 68365188		
	开户行及账号：建行丽都市支行		
	6203017421530301		

收款人：袁星晨　　　复核：王红梅　　　开票人：陈艳芳　　　销货单位：（章）

第三联 发票联 购货方记账凭证

图 3-10-2（$\frac{5}{5}$）

现 金 盘 点 报 告 表

2020年12月2日

项目	票面	数量	金额	盘点异常及建议事项	
现金盘点报告表	￥100.00	100	10 000.00		
	￥50.00	200	10 000.00		
	￥10.00	150	1 500.00		
	￥5.00	100	500.00		
	￥1.00	40	40.00		
	￥0.50	20	10.00	盘点结果及要点报告	
	￥0.20			盘盈	
	￥0.10				
小　计			22 050.00	总经理	财务经理
账 面 数			22 000.00	刘立强	张成栋
处理结果	盘　盈		50.00	上列款项及票据无法查明原因，列作营业外收入	
	盘　亏				

于2020年12月2日16时盘点时本人在场，暂列待处理财产损溢。

保管人：陈芳　　　盘点人：陈芳 李松

盘点人：陈芳 李松　　　　　复核人：张成栋　　　　　核准人：张成栋

图 3-10-3（$\frac{1}{1}$）

- 271 -

资产负债表日公允价值变动额计算表

表3-10-1　　　　　　　　　　　2020年12月31日

项目	数量	账面余额		公允价值	公允价值变动额（损益）
		成本	公允价值变动额		
合计					

图 3-10-4($\frac{1}{2}$)

交易性金融资产（债券）利息计算表

表3-10-2　　　　　　　　　　　2020年12月31日

项目	数量	面值	利率	期限	利息
森林债券					
合计					

图 3-10-4($\frac{2}{2}$)

转让金融商品应交增值税计算表

表3-10-3　　　　　　　　　　　2020年12月31日

转让商品	卖出价	买入价	收益或损失	税率	应纳增值税
森林债券					
红星股票					
合计					

图 3-10-5($\frac{1}{1}$)

董事会决议公告

公告编号：临2020-047

东方啤酒公司五届二十二次董事会决议公告

　　本公司及董事会全体成员保证公告内容的真实、准确和完整，没有虚假记载、误导性陈述或者重大遗漏。东方啤酒公司五届二十二次董事会会议通知于2020年12月29日，以书面、传真方式发给公司10名董事，会议于2020年12月30日在公司五楼会议室召开。应到董事10人，实到董事9人，1名董事办理了委托，高小平独立董事委托胡力兴独立董事代其出席会议行使表决权，并在董事会议上签字，符合《中华人民共和国公司法》和本公司章程的有关规定。会议由公司董事长王高平先生主持，公司监事、部分高管人员列席了本次会议。经审议，到会董事一致通过了如下决议：

　　会议以10票同意，0票反对，0票弃权的表决结果，审议通过了《东方啤酒公司关于转销应付账款的议案》：

　　本公司应付向阳公司款项33 200元，因对方公司撤销无法支付，董事会研究决定予以转销，列营业外收入。

　　本次公司转销应付账款的事项不属重大关联交易及资产交易事项，无需经过股东大会审批，免予按照相关规定披露和履行相应程序，符合云南证券交易所股票上市规则有关规定。

东方啤酒公司董事会
二〇二〇年十二月三十日

图 3-10-6（$\frac{1}{1}$）

收　料　单

材料科目：周转材料
材料类别：包装物　　　　　　　　　　　　　　　　　　　　　　5346004
供应单位：光华公司
发票号码：　　　　　　　2020年12月10日　　　　收料仓库：材料仓库

材料名称	计量单位	数量		实际成本		运杂费	合计	单位成本
		应收	实收	买价				
				单价	金额			
啤酒罐	个		30 000					
合计								
备注	估计价格 0.7 元/个							

第三联　记账联

记账：段自立　　　　　收料：陈涛　　　　　制单：杨志亮

图 3-10-7（$\frac{1}{1}$）

注意：业务7的原始凭证为图3-4-7（$\frac{1}{1}$），备注栏中说明暂估价 0.7 元/个。

实存账存对比表

单位名称：东方啤酒公司　　　　　　2020年12月11日

名称	计量单位	单价	实存 数量	实存 金额	账存 数量	账存 金额	盘盈 数量	盘盈 金额	盘亏 数量	盘亏 金额	原因	处理意见
曲靖麦	吨	3 500	189.6		190				0.4		保管不善	列管理费用 张成栋

盘点人签章　<u>王伟力</u>　<u>杨志亮</u>　　　　　　会计签章　<u>李　松</u>

图 3-10-8($\frac{1}{2}$)

盘亏财产物资转销额计算表

表3-10-4　　　　　　　　2020年12月31日

材料名称	实际成本	税率	进项税转出额

图 3-10-8($\frac{2}{2}$)

发料凭证汇总表

表3-10-5　　　　　　　　2020年12月31日　　　　　　　　单位：元

项目		主要材料					辅助材料	包装物	低值易耗品	合计
		澳麦	甘肃麦	曲靖	大米	合计				
生产成本	高端瓶装啤酒									
	低端瓶装啤酒									
	罐装啤酒									
	小　计									
制造费用										
合　计										

图 3-10-9($\frac{1}{1}$)

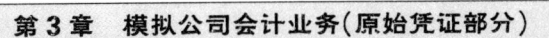

固定资产折旧计算表

表3-10-6　　　　　　　　　　　2020年12月31日　　　　　　　　　　　　单位：元

项　目		原值	使用年限	预计净残值	折旧方法	第四年度应提折旧额	本月应提折旧额
生产车间	厂房、仓库						
	机器设备						
	运输工具						
	电子设备						
	小　计						
管理部门	运输工具						
	电子设备						
	小　计						
销售部门	运输工具						
	电子设备						
	小　计						
合　计							

图 3-10-10($\frac{1}{1}$)

注意：业务11无原始凭证。该业务是实训六第3笔业务的延续。

无形资产摊销计算表

表3-10-7　　　　　　　　　　　2020年12月31日　　　　　　　　　　　　单位：元

项　目	无形资产账面价值	使用寿命(月)	本月应摊销的价值

图 3-10-12($\frac{1}{1}$)

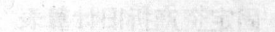

工资及职工福利费计算表

表3-10-8　　　　　　　　　　2020年12月31日　　　　　　　　　　单位：元

项　目		应付工资	代扣社保基金	代扣住房公积金	代扣个人所得税	代扣房租	代扣电费	代扣款合计	实发工资	应付福利费
管理费用		300 000			10 000	6 000	4 600			
生产成本	高端啤酒	81 000			1 400	1 500	1 000			
	低端啤酒	90 000			2 000	2 100	1 200			
	罐装啤酒	72 000			1 100	900	800			
	小　计									
制造费用		20 000			400	500	350			
销售费用		45 000			800	900	700			
合　计		608 000			15 700	11 900	8 650			

图 3-10-13（$\frac{1}{1}$）

工会经费及职工教育经费计算表

表3-10-9　　　　　　　　　　2020年12月31日　　　　　　　　　　单位：元

项　目		应付工资	工会经费 2%	职工教育经费 1.5%	合　计
管理费用		300 000			
生产成本	高端啤酒	81 000			
	低端啤酒	90 000			
	罐装啤酒	72 000			
	小　计				
制造费用		20 000			
销售费用		45 000			
合　计		608 000			

图 3-10-14（$\frac{1}{1}$）

社保基金/住房公积金分配表

表3-10-10　　　　　　　　　　2020年12月31日　　　　　　　　　　单位：元

项　目		基　数	社保基金 10%	住房公积金 10%	合　计
管理费用		300 000			
生产成本	高端啤酒	81 000			
	低端啤酒	90 000			
	罐装啤酒	72 000			
	小　计	243 000			
制造费用		20 000			
销售费用		45 000			
合　计		608 000			

图 3-10-15（$\frac{1}{1}$）

利息计算表

表3-10-11　　　　　　　　　　　　　2020年12月31日　　　　　　　　　　　　　单位：元

项　　目	借款本金	年利率	借款期限(天)	应提利息
建设银行短期借款				
建设银行长期借款				
长期债券				
合　　计				

图 3-10-16($\frac{1}{1}$)

应收款项减值计算表

表3-10-12　　　　　　　　　　　　　2020年12月31日　　　　　　　　　　　　　单位：元

应收账款账面余额	计提比例	估计损失	"坏账准备"账面余额	本月应提坏账准备金

图 3-10-17($\frac{1}{1}$)

制造费用发生额分配表

表3-10-13　　　　　　　　　　　　　2020年12月31日　　　　　　　　　　　　　单位：元

项　目	分配标准(产品产量)				分配率	制造费用本期发生额
	在产品产量	在产品约当产量	完工产品产量	小计		
高端瓶装啤酒						
低端瓶装啤酒						
罐装啤酒						
合　计						

图 3-10-18($\frac{1}{1}$)

材料费用分配表

表3-10-14　　　　　　　　　　　　　2020年12月31日　　　　　　　　　　　　　单位：元

项　目	分配标准		分配率	材料费用总额	应分配的材料费用	
	在产品产量	完工产品产量			在产品	完工产品
高端啤酒	800	44 000				
低端啤酒	2 000	111 000				
罐装啤酒	1 000	14 000				
合　计						

图 3-10-19($\frac{1}{4}$)

直接人工费用分配表

表3-10-15　　　　　　　　　　　　　　2020年12月31日　　　　　　　　　　　　　　单位：元

项目	分配标准		分配率	人工费用总额	应分配的人工费用	
	在产品约当产量	完工产品产量			在产品	完工产品
高端啤酒	400	44 000				
低端啤酒	1 000	111 000				
罐装啤酒	500	14 000				
合　计						

图 3-10-19($\frac{2}{4}$)

制造费用分配表

表3-10-16　　　　　　　　　　　　　　2020年12月31日　　　　　　　　　　　　　　单位：元

项目	分配标准（产品产量）		分配率	制造费用总额			应分配的制造费用	
	在产品约当产量	完工产品产量		期初数额	本期发生额	合计	在产品	完工产品
高端啤酒	400	44 000						
低端啤酒	1 000	111 000						
罐装啤酒	500	14 000						
合　计								

图 3-10-19($\frac{3}{4}$)

完工产品成本计算表

表3-10-17　　　　　　　　　　　　　　2020年12月31日　　　　　　　　　　　　　　单位：元

成本项目	直接材料	直接人工	制造费用	总 成 本	产品产量	单位成本
高端瓶装啤酒						
低端瓶装啤酒						
罐装啤酒						
合　计						

图 3-10-19($\frac{4}{4}$)

产品销售成本计算表

表3-10-18　　　　　　　　　　　　　　2020年12月31日　　　　　　　　　　　　　　单位：元/件

项目	起初结存成本	起初结存数量	本期入库成本	本期入库数量	加权平均单位成本	销售数量	销售成本
高端瓶装啤酒							
低端瓶装啤酒							
罐装啤酒							
合　计							

图 3-10-20($\frac{1}{1}$)

应交、未交增值税计算表

表3-10-19　　　　　　　　　　　2020年12月31日　　　　　　　　　　　单位：元

进项税额	已交税金	销项税额	进项税额转出	未交增值税	多交增值税

图 3-10-21($\frac{1}{1}$)

应交消费税、城建税、教育费附加计算表

表3-10-20　　　　　　　　　　　2020年12月31日　　　　　　　　　　　单位：元

项　　目	计税依据	适用税率	金　　额
应交消费税			
应交城建税			
应交教育费附加			
合　　计			

图 3-10-22($\frac{1}{1}$)

应交房产税、土地使用税、车船税计算表

表3-10-21　　　　　　　　　　　2020年12月31日　　　　　　　　　　　单位：元

项　　目	计税依据	适用税率	金　　额	
^	^	^	年应纳税额	12月应纳税额
应交房产税				
土地使用税				
车船税　载货汽车				
车船税　小汽车				
合　　计				

图 3-10-23($\frac{1}{1}$)

损益类账户发生额计算表

表3-10-22　　　　　　　　　　　2020年12月31日　　　　　　　　　　　单位：元

科　　目	借方发生额	贷方发生额
主营业务收入		
其他业务收入		
投资收益		
营业外收入		
资产处置损益		
主营业务成本		
其他业务成本		
税金及附加		
管理费用		
财务费用		
销售费用		
信用减值损失		
公允价值变动损益		
营业外支出		
合　　计		

图 3-10-24（$\frac{1}{1}$）

应交所得税计算表

表3-10-23　　　　　　　　　　　2020年12月31日　　　　　　　　　　　单位：元

项　　目		金　　额
1—11月净利润		
1—11月预交所得税		
1—11月利润总额		
12月份利润总额		
全年利润总额		
纳税调整项目	调增项目： 1. 应收账款减值 2. 卫生罚款支出	
	调减项目： 1. 交易性金融资产公允价值变动损益 2. 固定资产折旧（电子设备）	
全年应纳税所得额		
全年应交所得税		
12月份应补交的所得税		

图 3-10-25（$\frac{1}{1}$）

净利润计算表

表3-10-24　　　　　　　　　　2020年12月31日　　　　　　　　　　单位：元

1—11月份利润总额	12月份利润总额	全年利润总额	所得税费用	全年净利润

图 3-10-26($\frac{1}{1}$)

净利润分配表

表3-10-25　　　　　　　　　　2020年12月31日　　　　　　　　　　单位：元

项　　目	金　　额
年初未分配利润	
3月份分配利润	
全年实现的净利润	
提取法定公积金（10%）	
提取法定公益金（5%）	
未分配利润	

图 3-10-27($\frac{1}{1}$)

实训十一　财务报告

表3-11-1　　　　　　　　　　　　**资产负债表（简表）**　　　　　　　　　　　会企01表

编制单位：东方啤酒股份有限公司　　　　2020年12月31日　　　　　　　　　　单位：元

资　　产	年初余额	期末余额	负债和股东权益	年初余额	期末余额
流动资产：			流动负债：		
货币资金			短期借款		
交易性金融资产			应付票据		
应收票据			应付账款		
应收账款			预收账款		
预付账款			应付职工薪酬		
应收利息			应交税费		
应收股利			应付利息		
其他应收款			应付股利		
存　　货			其他应付款		
其他流动资产			一年内到期的非流动负债		
流动资产合计			流动负债合计		
非流动资产：			非流动负债：		
长期应收款			长期借款		
长期股权投资			应付债券		
投资性房地产			非流动负债合计		
固定资产			负债合计		
在建工程			股东权益：		
工程物资			股　　本		
无形资产			资本公积		
研发支出			盈余公积		
其他非流动资产			未分配利润		
非流动资产合计			股东权益合计		
资产总计			权益总计		

表3-11-2　　　　　　　　　　　　　利润表（简表）　　　　　　　　　　会企02表

编制单位：东方啤酒股份有限公司　　　　2020年12月　　　　　　　　　　单位：元

项　　　　目	本期金额	上期金额
一、营业收入		
减：营业成本		
税金及附加		
销售费用		
管理费用		
财务费用		
信用减值损失		
加：公允价值变动收益（损失以"－"号填列）		
投资收益（损失以"－"号填列）		
资产处置损益(损失以"－"号填列）		
其中：对联营企业和合营企业的投资收益		
二、营业利润（亏损以"－"号填列）		
加：营业外收入		
减：营业外支出		
其中：非流动资产处置损失		
三、利润总额（亏损总额以"－"号填列）		
减：所得税费用		
四、净利润（净亏损以"－"号填列）		

表3-11-3　　　　　　　　　　　　　　**现金流量表(简表)**　　　　　　　　　　会企03表

编制单位：东方啤酒股份有限公司　　　　2020年12月　　　　　　　　　　　单位：元

项　　　　目	本期金额	上期金额
一、经营活动产生的现金流量		
销售商品、提供劳务收到的现金		
收到的税费返还		
收到其他与经营活动有关的现金		
经营活动现金流入小计		
购买商品、接受劳务支付的现金		
支付给职工以及为职工支付的现金		
支付的各项税费		
支付其他与经营活动有关的现金		
经营活动现金流出小计		
经营活动产生的现金流量净额		
二、投资活动产生的现金流量		
收回投资收到的现金		
取得投资收益收到的现金		
处置固定资产、无形资产和其他长期资产收回的现金净额		
处置子公司及其他营业单位收到的现金净额		
收到其他与投资活动有关的现金		
投资活动现金流入小计		
购买固定资产、无形资产和其他长期资产支付的现金		
投资支付的现金		
取得子公司及其他营业单位支付的现金净额		
支付其他与投资活动有关的现金		
投资活动现金流出小计		
投资活动产生的现金流量净额		
三、筹资活动产生的现金流量		
吸收投资收到的现金		
取得借款收到的现金		
收到其他与筹资活动有关的现金		
筹资活动现金流入小计		
偿还债务支付的现金		
分配股利、利润或偿付利息支付的现金		
支付其他与筹资活动有关的现金		
筹资活动现金流出小计		
筹资活动产生的现金流量净额		
四、汇率变动对现金及现金等价物的影响		
五、现金及现金等价物净增加额		
加：期初现金及现金等价物余额		
六、期末现金及现金等价物余额		